ORTOGRAFÍA
de la
LENGUA ESPAÑOLA

ORTOGRAFÍA
de la
LENGUA ESPAÑOLA

Edición revisada por las
Academias de la Lengua Española

REAL ACADEMIA ESPAÑOLA

ESPASA

—

Depósito legal: M.5.128 - 2002
ISBN 84-239-6812-X
ISBN 958-42-0454-8

—

Impresión: Quebecor World Bogotá S. A.

Impreso en Colombia   Acabado de imprimir en Diciembre de 2002   Printed in Colombia

Editorial Espasa Calpe, S. A. Carretera de Irún, km 12,200. 28049 Madrid

RELACIÓN DE LAS ACADEMIAS QUE HAN INTERVENIDO
EN LA PREPARACIÓN DE ESTA *ORTOGRAFÍA*,
ORDENADAS SEGÚN SU FECHA DE FUNDACIÓN

Real Academia Española (1713)
Academia Colombiana de la Lengua (1871)
Academia Ecuatoriana de la Lengua (1874)
Academia Mexicana (1875)
Academia Salvadoreña de la Lengua (1876)
Academia Venezolana de la Lengua (1883)
Academia Chilena de la Lengua (1885)
Academia Peruana de la Lengua (1887)
Academia Guatemalteca de la Lengua (1887)
Academia Costarricense de la Lengua (1923)
Academia Filipina de la Lengua Española (1924)
Academia Panameña de la Lengua (1926)
Academia Cubana de la Lengua (1926)
Academia Paraguaya de la Lengua Española (1927)
Academia Boliviana de la Lengua (1927)
Academia Dominicana de la Lengua (1927)
Academia Nicaragüense de la Lengua (1928)
Academia Argentina de Letras (1931)
Academia Nacional de Letras del Uruguay (1943)
Academia Hondureña de la Lengua (1949)
Academia Puertorriqueña de la Lengua Española (1955)
Academia Norteamericana de la Lengua Española (1973)

ÍNDICE

Capítulo III

Uso de las letras mayúsculas

Capítulo IV

Acentuación

Capítulo V

Puntuación

PRÓLOGO

Han sido muchos los hispanohablantes que en los últimos tiempos se han dirigido a la Real Academia Española solicitando aclaraciones de normas ortográficas, planteando dudas y sugiriendo, en fin, la conveniencia de presentar la *Ortografía* de un modo más sistemático, claro y accesible. A eso responde esta nueva edición que la Academia ha preparado en estrecha colaboración con las corporaciones hermanas de América y de Filipinas, corrigiendo, actualizando y acrecentando la versión anterior con precisiones y ejemplos.

Los detallados informes de las distintas Academias han permitido lograr una *Ortografía* verdaderamente panhispánica. Apenas hay en ella novedad de doctrina, pero se recoge, ordena y clarifica toda la que tenía dispersa la Academia en los últimos tiempos y se refuerza la atención a las variantes de uso americanas.

La normativa ortográfica de la lengua española es fruto de un proceso de adaptación y simplificación de los variados y variables usos antiguos, que esta Institución emprendió casi al tiempo de su nacimiento y que quedó de hecho acabada con la publicación, en 1844, del *Prontuario de ortografía de la lengua castellana, dispuesto por Real Orden para el uso de las escuelas públicas por la Real Academia Española con arreglo al sistema adoptado en la novena edición de su Diccionario.* La Real Orden era la de 25 de abril de ese mismo año, firmada por la reina doña Isabel II, a petición del Consejo de Instrucción Pública, que oficializaba la ortografía académica al imponer su enseñanza en las escuelas. Hasta ese momento la Academia se había limitado a proponer normas y aconsejar empleos, bien es verdad que con notable éxito, pues el propio Andrés Bello declaraba que no sabía qué admirar más, «si el espíritu de liberalidad con que la Academia ha patrocinado e introducido ella misma las reformas útiles, o la docilidad del público en adoptarlas, tanto en la Península como fuera de ella».

El refrendo oficial consolidó las normas académicas, pero al mismo tiempo vino a obstruir las vías de innovación y reforma por las que la Academia había ido avanzando paso a paso desde la primera edición de su *Ortographía*, de 1741, que ya en su segunda edición, de once años más tarde, se escribió *Ortografía*, proclamando desde la misma portada su opción por el criterio fonético con preferencia sobre el etimológico. Quedó así, probablemente, truncada, como efecto no buscado de la sanción regia, la pausada marcha innovadora de la Academia, que no pudo dar ya los pasos proyectados para ajustar sus normas a los deseos de Bello y a los avances de la llamada «ortografía chilena» difundida por diversos lugares de América.

Predominó la idea y la voluntad de mantener la unidad idiomática por encima de particularismos gráficos no admitidos por todos: poco a poco, las naciones americanas de nuestra lengua se mostraron conformes con la ortografía académica y la hicieron oficial en las diversas repúblicas. El proceso se cerró en Chile, donde más tiempo se había mantenido el cisma, con el decreto que firmó el presidente Ibáñez, el 20 de junio de 1927, donde se disponía que, a partir del 12 de octubre de aquel año, se adoptase la ortografía académica en todos los establecimientos de enseñanza pública y en la redacción de todos los documentos oficiales. El gran lingüista suramericano Ángel Rosenblat escribiría que la unidad ortográfica es «la mayor fuerza aglutinante, unificadora de una amplia comunidad cultural: por debajo de ella pueden convivir sin peligro todas las diferencias dialectales». Y añadiría: «El triunfo de la ortografía académica es el triunfo del espíritu de unidad hispánica».

La Real Academia Española ha elevado a la categoría de objetivo prioritario en los estatutos vigentes el de «velar porque los cambios que experimente la lengua española en su constante adaptación a las necesidades de sus hablantes no quiebren la esencial unidad que mantiene en todo el ámbito hispánico». Quiere esto decir que nuestro viejo lema fundacional, «limpia, fija y da esplendor», ha de leerse ahora, más cabalmente, como «unifica, limpia y fija» y que esa tarea la compartimos, en mutua colaboración, con las veintiuna Academias de la Lengua Española restantes, las de todos los países donde se habla el español como lengua propia. Es lo que hemos hecho en esta ocasión. Si ya Bello entendía, pensando en la Real Academia Española y en las contradicciones de sus propios criterios ortográficos, que un cuerpo colectivo no puede proceder con la misma fijeza de principios que un individuo, imagínese hasta dónde puede llegar la dificultad de cohonestar actitudes u opiniones contrarias cuando el cuerpo colectivo está constituido por la asociación de tan notable número de cuerpos colectivos previos, y la lengua que es objeto del acuerdo no es ya una lengua de menos de cuarenta millones de personas, como era entonces, sino un idioma universal con más de cuatrocientos millones de hablantes.

Conviene hacer patentes estas cosas, pues son muchos los arbitristas de la Ortografía que acuden a esta Institución o salen a la palestra, con mejor intención que acierto, pidiendo u ofreciendo radicales soluciones a los problemas ortográficos o cebándose con fáciles diatribas en el sistema establecido. Entre esas personas bienintencionadas ni siquiera han faltado académicos que hayan presentado propuestas simplificadoras en los congresos de la Asociación de Academias. A todos estos entusiastas debería recordárseles que ya Nebrija, su más antiguo e ilustre predecesor, quien recuperó para nuestra lengua el principio de Quintiliano según el cual se debe escribir como se pronuncia, no olvidó en ningún caso que el propio calagurritano había hecho una salvedad: *nisi quod consuetudo obtinuerit*, y advirtió que «en aquello que es como ley consentida por todos es cosa dura hacer novedad».

La evolución de la ortografía académica ha estado regulada por la utilización combinada y jerarquizada de tres criterios universales: la pronunciación, la etimología y el uso, que, como decía Horacio, es en cuestiones de lenguaje el árbitro definitivo. La Real Academia Española, como tal Corporación, se siente hoy orgullosa de que sus antecesores, durante el siglo transcurrido entre 1741, fecha de la primera edición de la *Ortographía*, y 1844, fecha del Real Decreto sancionador, tuviesen tan buen sentido, tan clara percepción de lo comúnmente aceptable, tal visión de futuro y tanto tino como para conseguir encauzar nuestra escritura en un sistema sin duda sencillo, evidentemente claro y tan adaptado a la lengua oral que ha venido a dotar a nuestra lengua castellana o española de una ortografía bastante simple y notoriamente envidiable, casi fonológica, que apenas si tiene parangón entre las grandes lenguas de cultura.

En 1843, una autotitulada «Academia Literaria y Científica de Profesores de Instrucción Primaria» de Madrid se había propuesto una reforma radical, con supresión de *h, v* y *q,* entre otras estridencias, y había empezado a aplicarla en las escuelas. El asunto era demasiado serio y de ahí la inmediata oficialización de la ortografía académica, que nunca antes se había estimado necesaria. Sin esa irrupción de espontáneos reformadores con responsabilidad pedagógica, es muy posible que la Corporación española hubiera dado un par de pasos más, que tenía anunciados y que la hubieran emparejado con la corriente americana, es decir, con las directrices de Bello.

En la octava edición de la *Ortografía,* la de 1815, al deslindar los usos de *y* e *i,* consonante la primera, vocal la segunda, se añade «con algunas excepciones por ahora», y al tratar de la posibilidad de poner límites, igualmente, entre *j* y *g,* la Academia estima la reforma de tanta trascendencia que prefiere «dejar que el uso de los doctos abra camino para autorizarla con acierto y mayor oportunidad». Como esos dos deslindes fueron objetivo primordial en el proyecto de Bello y los dos más persistentes en la largamente mantenida disidencia chilena, parece obvio suponer que la Real Academia Española, sin la obligada intervención gubernamental, o sea, sin la descabellada actuación de los maestros madrileños, hubiera terminado aceptándolos, puesto que era proclive a ello, y la ortografía del español sería hoy, quizá, muy semejante a la que se empeñó en utilizar uno de nuestros mayores poetas, Juan Ramón Jiménez, que se sentía solidario de esas simplificaciones hispanoamericanas de su época, a las que no faltaban adictos peninsulares.

Pero no fue así, por esas razones que decimos, y tal vez la Academia fuera la primera en lamentarlo. Las cosas, pues, quedaron como quedaron y son como son, y ahora cualquier variación en los hábitos resulta mucho más ardua, afecta a muchas más personas y requiere el acuerdo previo de veintidós corporaciones asociadas. Baste recordar aquí que un asunto mínimo, ni siquiera ortográfico sino clasificatorio, la recuperación del orden alfabético latino universal, que la Academia había alterado para el uso hispánico en 1803, al otorgar carácter de letras unitarias e independientes a los dígrafos *ch* y *ll,* movida precisamente por su vocación fonológica en la interpretación de la lengua escrita, requirió dos congresos de Academias y larguísimas discusiones para su aprobación, pese a que nos lo solicitaban los organismos internacionales y en nuestras propias naciones eran ya muchas las entidades, públicas y privadas, que lo habían adoptado.

¿Quiere esto decir que el código ortográfico recogido en esta obra debe ser invariable, definitivo, resistente a toda discrepancia y sin posibilidad de modificación posterior? De ningún modo. Y prueba evidente de ello es que, a petición de varias Academias americanas, el texto de esta edición contiene algunas novedades, mínimas, de doctrina, destinadas a regularizar ciertos aspectos relativos a la acentuación gráfica: el uso de la tilde en las formas verbales incrementadas con pronombres átonos —que ahora siguen en todos los casos las reglas generales de acentuación— y la colocación del acento gráfico en hiatos y diptongos —incluidos *au, eu, ou* en posición final—, que a partir de ahora podrá regirse, si así lo desean quienes escriben, por convenciones generales, no sujetas a las diferencias de pronunciación lógicas en un idioma cuyo empleo como lengua materna llega a cuatro continentes.

Lo que la Real Academia Española cree, con todas las Academias asociadas, es que un código tan ampliamente consensuado merece respeto y acatamiento, porque, en última instancia, los hispanohablantes hemos de congratularnos de que nuestra lengua haya alcanzado con él un nivel de adecuación ortográfica que no muchos idiomas poseen. Pueden existir dudas para un oyente en el momento de elegir el signo que corresponde a tal sonido en una voz determinada, pero no existe prácticamente nunca problema a la hora de reproducir oralmente el sonido que le corresponde a cada letra, en cada situación, según las reglas establecidas. Y eso, en un mundo intercomunicado por distintos sistemas de signos, es un bien impagable, aunque, por supuesto, pueda ser mejorado.

La Real Academia Española no abdica del espíritu progresivamente reformista que alentó en ella desde sus comienzos y no renuncia a nada que pueda redundar en beneficio de nuestra común lengua española, de acuerdo siempre con el parecer compartido por las otras Academias hermanas y con el juicio valorativo que cualquier propuesta le merezca al conjunto de ellas en su asociación. Como decía con acierto otro notable gramático del siglo XIX, Vicente Salvá, refiriéndose precisamente a estas cuestiones ortográficas, «el trabajo en tales negocios no está en señalar lo mejor, sino lo que es hacedero».

Presentamos, pues, esta nueva versión de la *Ortografía* académica, que se ha procurado modernizar en el estilo, actualizar en los ejemplos, aliviar de tecnicismos, ilustrar con referencias históricas y desmenuzar en la casuística, pensando siempre en el gran público al que va dirigida. Se diferencian convenientemente, por medios tipográficos, lo que son normas de lo que no es otra cosa que orientación práctica para el uso, e igualmente otros aspectos del contenido. Todo ello fundado, es importante advertirlo, en la última edición del *Diccionario* académico, de 1992, y en las adiciones y enmiendas a este repertorio que la Corporación ha aprobado con posterioridad.

Confiamos en que esta publicación resulte útil a todos aquellos hispanohablantes, de nacimiento o de elección, que hayan de escribir nuestra lengua y a quienes se les planteen determinadas dudas, y aguardamos, como siempre, el juicio de los doctos. Cualquier reflexión o cualquier indicación que ayude a mejorarla será bien recibida.

Es de justicia que las últimas palabras sean de gratitud a los lingüistas que han colaborado con nosotros y, sobre todo, a las Academias hermanas que, con su diligente, minucioso y esmerado trabajo de revisión, han enriquecido el texto y han sancionado esta obra como la *Ortografía* de la comunidad hispánica.

Madrid, junio de 1999

CAPÍTULO I

ELEMENTOS Y PRINCIPIOS GENERALES
DE LA ORTOGRAFÍA ESPAÑOLA

La Ortografía es el conjunto de normas que regulan la escritura de una lengua.

1.1. Fundamentos de la ortografía española

Como en otros muchos idiomas, la escritura española representa la lengua hablada por medio de letras y de otros signos gráficos.

En su intención original, el abecedario o serie ordenada de las letras de un idioma constituye la representación gráfica de sus fonemas usuales, es decir, de los sonidos que de modo consciente y diferenciador emplean los hablantes[1]. Una ortografía ideal debería tener una letra, y solo una, para cada fonema, y viceversa. Pero tal correspondencia, por motivos históricos y de diversa índole, no se pro-

---

[1] En Lingüística se entiende por fonema la unidad mínima, desprovista de significado y formada por un haz simultáneo de rasgos distintivos, que en el sistema de una lengua puede oponerse a otras unidades y producir diferencias de significado. Así, la *p* de *pozo* frente a la *g* de *gozo* o la *r* de *par* frente a la *z* de *paz*. Cada fonema puede realizarse mediante distintos sonidos o alófonos.

En todo caso, las observaciones que sobre fonología y usos gráficos del español antiguo se formulan en esta *Ortografía* tienen carácter de mera ilustración complementaria, sin propósito de tratamiento sistemático.

duce en casi ninguna lengua, aunque el español es de las que más se aproximan a ese ideal teórico.

Como las demás lenguas románicas, el español se sirvió básicamente desde sus orígenes del alfabeto latino, que fue adaptado y completado a lo largo de los siglos. El abecedario español quedó fijado, en 1803, en veintinueve letras, cada una de las cuales puede adoptar la figura y tamaño de mayúscula o minúscula.

He aquí sus formas y nombres:

A a,	B b,	C c,	Ch ch,	D d,	E e,	F f,	G g,	H h,	I i,
a	be, be alta o be larga	ce	che	de	e	efe	ge	hache	i

J j,	K k,	L l,	Ll ll,	M m,	N n,	Ñ ñ,	O o,	P p,	Q q,
jota	ka	ele	elle	eme	ene	eñe	o	pe	cu

R r,	S s,	T t,	U u,	V v,	W w,	X x,	Y y,	Z z.
erre, ere	ese	te	u	uve, ve, ve baja o ve corta	uve doble, ve doble o doble ve	equis	i griega o ye	ceta, ceda, zeta o zeda

En realidad, *ch* y *ll* son dígrafos, signos ortográficos compuestos de dos letras. Desde la cuarta edición del *Diccionario* académico (1803) vienen, sin embargo, considerándose convencionalmente letras —cuarta y decimocuarta, respectivamente, del abecedario español—, por el hecho de que cada uno de ellos representa un solo fonema.

A petición de diversos organismos internacionales, la Asociación de Academias de la Lengua Española acordó en su X Congreso (Madrid, 1994) reordenar esos dígrafos en el lugar que el alfabeto latino universal les asigna. Así pues, en el *Diccionario,* las palabras que comienzan por *ch* se registrarán en la letra C entre las que empiezan por *ce* y *ci*; las que comienzan por *ll,* en la letra L entre las que empiezan por *li* y *lo.* En el resto de la ordenación alfabética, las palabras que contengan *ch* y *ll* en otras posiciones distintas a la inicial pasarán a ocupar el lugar que en la secuencia del alfabeto universal les corresponde.

1.2. Correspondencia del abecedario del español con su sistema fonológico

La fijación de nuestra ortografía es el resultado de un largo proceso de constantes ajustes y reajustes entre la pronunciación y la etimología, gobernado por la costumbre lingüística. Entre ortografía y pronunciación existen, en consecuencia, desajustes motivados por la evolución fonética del idioma, por sus variedades dialectales (el español se extiende por más de veinte países) y por la misma tradición ortográfica.

Así, en nuestro sistema gráfico se encuentran casos de fonemas representados por un dígrafo o grupo de dos letras, letras que pueden representar más de un fonema, fonemas que pueden ser representados por varias letras, una letra que representa un grupo de fonemas y otra que no representa ningún fonema.

1.2.1. *Fonemas representados con un dígrafo*[2]

a) El fonema africado palatal sordo de, por ejemplo, *chaleco,* se representa con el dígrafo *ch.*

b) El fonema lateral palatal de *llave,* con el dígrafo *ll.* Actualmente, en la mayor parte de los territorios de habla española es frecuente la identificación de este fonema con el fricativo palatal sonoro representado en la escritura por *y* (identificación conocida con el nombre de *yeísmo*).

c) El fonema vibrante múltiple de *corro,* con el dígrafo *rr.*

d) El fonema oclusivo velar sordo de *queso* y el fonema velar sonoro de *guitarra* se escriben con los grupos *qu* y *gu* (delante de las vocales *e, i*), respectivamente.

---

[2] Por regla general, la descripción de los fonemas consonánticos se ha realizado atendiendo a los siguientes criterios: el modo de articulación, el punto o zona de articulación y la acción de las cuerdas vocales.

1.2.2. Letras que pueden representar fonemas diferentes

a) La *c* ante *a, o, u* representa el fonema oclusivo velar sordo de *casa, cómodo* y *cuñado*. Ante *e, i*, como en *cepa* o *cine*, puede representar, de acuerdo con el origen geográfico de los hablantes, otros dos fonemas:

— El fricativo interdental sordo, dominante en las variedades españolas habladas en el norte, centro y este de la Península Ibérica, representado también mediante la letra *z*.

— El fricativo sordo, de articulación mayoritariamente predorsal, representado también en la escritura mediante la letra *s*. Este fenómeno de identificación, conocido con el nombre de *seseo,* es general, actualmente, en el suroeste de la Península Ibérica, en las Islas Canarias y en toda la América hispana.

b) La *z* representa el fonema interdental fricativo sordo de *zapato* o *azul*. En zonas de seseo representa también el fonema predorsal equivalente al de la letra *s*.

c) La *ll* representa el fonema lateral palatal de *lleno* o *rollo*. En zonas yeístas, corresponde también al fonema fricativo palatal sonoro representado en otros lugares mediante la letra *y*.

d) La *g*, tanto ante *a, o, u* y agrupada con otra consonante como en el grupo *gu* ante *e, i*, representa el fonema velar sonoro, como en *gato, gorra, grande, glosa, Gutiérrez, guiso*; mientras que ante *e, i* representa el fonema fricativo velar sordo de *gemelos* y *gitano*.

e) La *r* sencilla, tanto inicial de palabra como antecedida por una consonante que no pertenece a la misma sílaba, representa una vibrante múltiple (como en *ratón* y *alrededor),* mientras que en posición intervocálica y final de sílaba, así como en los grupos consonánticos *br, cr, dr, fr, gr, kr, pr* y *tr,* representa el fonema vibrante simple de *caro* y *brisa*.

f) La *y* puede tener un valor consonántico al representar el fonema palatal sonoro, como en *yema* (o *llama*, en zonas de yeísmo), y un valor vocálico equivalente al representado por la letra *i* en palabras como *y*, *rey*, *hoy*.

g) La *w* representa el fonema labial sonoro en palabras de origen visigodo o alemán, como *Wamba*, *Witiza* y *wagneriano*, y el fonema vocálico equivalente al representado por la letra *u* en palabras de origen inglés, como *whisky* y *washingtoniano*.

1.2.3. *Fonemas que pueden ser representados por varias letras diferentes*

a) El fonema labial sonoro puede ser representado por las letras *b*, *v* y *w*, como en *barco*, *vela* y *wolframio*.

b) El fonema oclusivo velar sordo se puede transcribir con las letras *c* y *k* y con el grupo *qu*, como en *casa*, *kilómetro* y *quien*.

c) El fonema fricativo velar sordo se puede representar con la letra *j*, o con la letra *g* ante *e*, *i*, como en *jardín*, *jerez*, *jirafa*, *jota*, *judía*, *gente* y *girar*.

> Observación histórica. Las letras *g* (ante *e*, *i*), *j* y *x* representaban en la ortografía medieval dos fonemas palatales distintos, sonoro el primero, como en *muger* y *paja*, y sordo el segundo, como en *dixo*. Ambos sonidos se identificaron primero en el sonido sordo y, a partir del siglo XVI, evolucionaron hacia el fonema moderno correspondiente a *j*, fricativo velar y sordo; así pronunciamos y escribimos hoy *mujer*, *paja* y *dijo*[3].

d) El fonema fricativo interdental sordo puede ser representado con *z* ante *a*, *o*, *u*, con la misma letra en posición final de síla-

---

[3] Sobre la conservación de la escritura y pronunciación antiguas en algunos casos del español actual, véase 2.11.

ba y con *c* ante *e, i*, como en *zapato, zorro, zurdo, paz, diez-mo, cena* y *cigarro*. En excepciones que después se verán, también puede ser representado con *z* ante *e, i*.

> OBSERVACIÓN HISTÓRICA. La situación actual, en la que ambas representaciones gráficas comparten un mismo valor fonológico, contrasta con el diferente valor que tenían estas letras siglos atrás: *c* o *ç* representaban un fonema sordo (*crece, plaça*), y *z* el correspondiente sonoro (*vezino, haze*).

e) En los países y regiones donde se practica el seseo, *c* (ante *e, i*), *z* y *s* se neutralizan en el fonema fricativo sordo de pronunciación mayoritariamente predorsal, si bien la ortografía mantiene el empleo de las letras según el uso castellano. Lo mismo ocurre con la pronunciación yeísta que articula la *ll* como *y*.

f) El fonema vocálico cerrado y anterior puede ser representado con las letras *i* e *y*, como en *iglesia, cantáis, hay, rey*.

> OBSERVACIÓN HISTÓRICA. En los textos antiguos se escribían las letras *i, u, v* sin distinguir si eran vocales o consonantes. Por ejemplo: *iazía* (hoy *yacía*), *io* (*yo*), *iunque* (*yunque*), *cuéuano* (*cuévano*), *uestir* (*vestir*), *vno* (*uno*), *vsar* (*usar*).

g) El fonema vocálico cerrado y posterior puede ser representado con la letra *u*, como en *guardar, útil*, y en algunas palabras de origen inglés o derivadas de esta lengua, con la letra *w*, como en *washingtoniano* y *whisky*.

> OBSERVACIÓN HISTÓRICA. Otros fonemas existentes en el sistema fonológico del español antiguo han desaparecido en el sistema actual. Así sucedió en el caso de la oposición entre el fonema fricativo alveolar sordo y el correspondiente sonoro, representados en posición intervocálica con las grafías -*ss*- (*passar*) y -*s*- (*casa*) respectivamente. Durante la Edad Moderna se perdió esta diferencia fo-

6

nética en favor de la pronunciación sorda, y la ortografía reflejó el cambio empleando la s única en todos los casos.

1.2.4. La x

El español cuenta con una letra, la x, que representa un grupo de dos fonemas, los correspondientes a las secuencias de letras ks o gs, especialmente en posición intervocálica. Así, por ejemplo, en *examen* o *boxeo*. (Véase también 2.11).

1.2.5. La h

Esta letra, que en otro tiempo representó una aspiración, carece hoy de valor fonológico y no representa sonido alguno[4].

1.3. Otros signos empleados en la escritura del español

Junto con las letras, se usan en la escritura otros signos que sirven para indicar la pronunciación de las palabras y la entonación de los enunciados, así como para facilitar la comprensión de los textos escritos (véanse capítulos IV y V). La Ortografía establece cómo se han de emplear las letras y los signos auxiliares de la escritura.

---

[4] No obstante, existen en español algunas palabras en las que por diferentes razones la letra h suele pronunciarse aspirada o con el sonido de la j. Véase después 2.4, nota 11.

CAPÍTULO II

USO DE VARIAS LETRAS EN PARTICULAR

La falta de correspondencia que se produce en algunos casos entre el sistema gráfico y el sistema fonológico del español afecta especialmente a la ortografía de las consonantes. Caso distinto es el de las vocales, que responden, en la mayoría de los casos, a la representación de los sonidos respectivos.

Conviene, pues, estudiar con mayor detenimiento la correspondencia entre algunos fonemas consonánticos y sus respectivas grafías, para proponer después notas orientadoras que faciliten la práctica ortográfica.

Para evitar la repetición de una norma que afecta a todos los apartados de este capítulo, debe tenerse en cuenta que los compuestos y derivados creados en nuestra lengua a partir de una determinada voz adoptan, en el lugar que les corresponde, las letras de la palabra primitiva. Así, *verbal* se escribe con *v* y *b* por derivar de *verbo*, *virtuoso* conserva la *v* de *virtud*, etc. Lo mismo sucede con las variantes de género y número y con la flexión verbal. Esta norma no afecta, claro está, a los cambios de letra impuestos mecánicamente por la variación en la secuencia escrita. Así, *palidecer* y *cruces* se escriben con *c* por estar esta letra ante *e*, pese a que *palidez* y *cruz* se escriben con *z*.

2.1. Letras *b*, *v*, *w*

En la mayor parte de España y en la totalidad de Hispanoamérica, las letras *b*, *v*, y a veces la *w*, representan hoy el mismo fonema labial sonoro, lo que origina numerosas dudas sobre su escritura. Estas son aún mayores en el caso de las palabras homófonas, porque en ellas el empleo de una u otra letra diferencia significados (por ejemplo: *baca/vaca*). Caso aparte es el de los nombres propios, en los que el uso arbitrario de *b* o *v* parece un resto del trueque de estas letras en siglos pasados. Así, *Balbuena/Valbuena* o *Tobar/Tovar*.

> OBSERVACIÓN HISTÓRICA. La ortografía española mantuvo por tradición las letras *b* y *v*, que en latín respondían a una oposición con valor fonológico. Por esta razón, nuestra lengua respetó la grafía de las palabras con *b* o *v* según la tuvieran en su lengua de origen, como sucede en los casos de *abundancia, bimestre, bondad, beber, deber, haber, verdad, verbena* o *ventura*, que provienen de las latinas *abundantia(m), bimestre(m), bonitate(m), bibere, debere, habere, veritate(m), verbena(m)* o *ventura(m)*. No obstante, como en castellano antiguo *b* y *v*, distribuidas de modo distinto al actual, posiblemente sí respondían también a una distinción fonológica propia, perviven casos de *b* antietimológica (es decir, donde el uso se ha impuesto a la etimología), como *abogado, abuelo, barbecho, barrer* o *embaír*, procedentes de palabras latinas con *v: advocatu(m), aviolu(m), vervactu(m), verrere* o *invadere*. De la misma manera, hay palabras con grafía *v* procedentes de palabras con *b* latina, como *maravilla*, de *mirabilia*; a estas excepciones podrían añadirse muchas más.
>
> Un segundo grupo de palabras que por su origen se escriben con *b* es el de aquellas que en latín tenían *p* intervocálica, después sonorizada en *b*. Es el caso de *caber, saber, obispo, recibir* y *riba*, que proceden de *capere, sapere, episcopu(m), recipere* y *ripa(m)*. Los compuestos con el último de estos vocablos, así como los derivados de él, han de escribirse, pues, con *b: Ribarroja, Ribadesella, ribazo, ribera, ribero*. (No obstante, véase 2.12).

2.1.1. Letra b

La letra *b* siempre representa el fonema labial sonoro de *barco*, *beso*, *blusa* o *abuelo*.

Notas orientadoras sobre el uso de la letra *b*

Se escriben con *b*:

a) Los verbos terminados en *-bir*. Ejemplos: *escribir, recibir, sucumbir*. Excepciones en voces de uso actual: *hervir, servir, vivir* y sus compuestos.

b) Los verbos terminados en *-buir*. Ejemplos: *contribuir, atribuir, retribuir*.

c) Los verbos *deber, beber, caber, saber* y *haber*.

d) Las terminaciones *-aba, -abas, -ábamos, -abais, -aban* del pretérito imperfecto de indicativo (copretérito, en la terminología de Andrés Bello) de los verbos de la primera conjugación. Ejemplos: *cantaba, bajabas, amaban*.

e) El pretérito imperfecto de indicativo de *ir*: *iba, ibas*, etc.

f) Las palabras que empiezan por el elemento compositivo *biblio-* ('libro') o por las sílabas *bu-, bur-* y *bus-*. Ejemplos: *biblioteca, bula, burla, buscar*. Excepción: *vudú* y sus derivados, además de otras voces caídas en desuso.

g) Las que empiezan por el elemento compositivo *bi-, bis-, biz-* ('dos' o 'dos veces'). Ejemplos: *bipolar, bisnieto, bizcocho*.

h) Las que contienen el elemento compositivo *bio-, -bio* ('vida'). Ejemplos: *biografía, biosfera, anaerobio, microbio*.

i) Las palabras compuestas cuyo primer elemento es *bien* o su forma latina *bene*. Ejemplos: *bienaventurado, bienvenido, beneplácito*.

j) Toda palabra en que el fonema labial sonoro precede a otra consonante o está en final de palabra. Ejemplos: *abdicación, abnegación, absolver, obtener, obvio, subvenir, amable, brazo, rob, nabab*. Excepciones: *ovni* y algunos términos desusados.

En las palabras *obscuro, subscribir, substancia, substitución, substraer* y sus compuestos y derivados, el grupo *-bs-* se simplifica en *s*. Ejemplos: *sustancia, sustantivo, oscuro*.

---

k) Las palabras acabadas en -bilidad. Ejemplos: *amabilidad, habilidad, posibilidad*. Excepciones: *movilidad, civilidad* y sus compuestos.

l) Las acabadas en -bundo y -bunda. Ejemplos: *tremebundo, vagabundo, abunda*.

2.1.2. *Letra* v

La letra v siempre representa el fonema labial sonoro de *vaso, vida, invadir* o *cavar.*

Notas orientadoras sobre el uso de la letra v

Se escriben con v:

a) Las palabras en las que las sílabas *ad-, sub-* y *ob-* preceden al fonema labial sonoro. Ejemplos: *adviento, subvención, obvio.*

b) Las palabras que empiezan por *eva-, eve-, evi-* y *evo-*. Ejemplos: *evasión, eventual, evitar, evolución*. Excepciones: *ébano* y sus derivados, *ebionita, ebonita* y *eborario.*

c) Las que empiezan por el elemento compositivo *vice-, viz-* o *vi-* ('en lugar de'). Ejemplos: *vicealmirante, vizconde, virrey.*

d) Los adjetivos llanos terminados en *-avo, -ava, -evo, -eva, -eve, -ivo, -iva*. Ejemplos: *esclavo, octava, longevo, nueva, aleve, decisiva, activo*. Excepciones: *suabo* y *mancebo* [5].

e) Las voces llanas de uso general terminadas en *-viro, -vira*, como *decenviro, Elvira, triunviro*, y las esdrújulas terminadas en *-ívoro, -ívora*, como *carnívora, herbívoro, insectívoro*. Excepcion: *víbora.*

f) Los verbos acabados en *-olver*. Ejemplos: *absolver, disolver, volver.*

g) Los presentes de indicativo, imperativo y subjuntivo del verbo *ir*. Ejemplos: *voy, ve, vaya.*

h) El pretérito perfecto simple de indicativo (o pretérito, según Bello) y el pretérito imperfecto (pretérito) y futuro de subjuntivo de los verbos *estar, andar, tener* y sus compuestos. Ejemplos: *estuvo, estuviéramos, estuviere; anduve, desanduvo, desanduviere; tuviste, retuvo, sostuviera, contuviese, mantuviere.*

---

[5]   La palabra *mancebo* tenía también, antiguamente, un uso adjetivo.

2.1.3. Letra w

La letra w puede representar dos fonemas diferentes: el labial sonoro en palabras como *wagneriano* y el fonema correspondiente a *u* en palabras como *washingtoniano*.

La letra w solo se utiliza en palabras de origen germánico como las siguientes:

a) Determinados nombres propios de origen visigodo. Ejemplos: *Wamba, Witiza*.

b) Algunos derivados de nombres propios alemanes. Ejemplos: *wagneriano, weimarés*.

c) Algunas palabras de origen inglés. Ejemplos: *watt, washingtoniano, whisky*.

En los dos primeros casos[6], la w representa el fonema labial sonoro. En las palabras de procedencia inglesa[7], en cambio, la pronunciación corresponde a la de *u*.

En palabras totalmente incorporadas al idioma, la grafía w ha sido reemplazada por v simple: *vagón, vals, vatio*; o por b: *bismuto*. En palabras de uso menos frecuente alternan las dos grafías, como sucede en *wolframio/volframio*; o existen dos variantes, una más próxima a la palabra de origen y otra adaptada, como *wellingtonia/velintonia*.

2.2. Letras c, k, q, z; dígrafo ch

a) El fonema oclusivo velar sordo de *casa, queso, kárate* se realiza en la escritura con las siguientes letras: con c ante *a, o, u*, ante consonante y en posición final de sílaba y de palabra, como sucede en *carta, colegio, cubierto, clima, actor, vivac*;

---

[6] En alemán, la articulación de *w* es fricativa labiodental sonora.
[7] En inglés, la articulación de *w* es de *u* semiconsonante.

con *k* ante cualquier vocal, ante consonante y en posición final de palabra, como sucede en *kárate, kilo, Kremlin, anorak*; con el dígrafo *qu* ante las vocales *e, i*, como sucede en *queso, quitar.*

b) El fonema fricativo interdental sordo de *zapato, cebra, cielo*, que se identifica con el alveolar o dental en zonas de seseo, se realiza en la escritura con las letras siguientes: con *z* ante *a, o, u*, en posición final de sílaba y de palabra, como sucede en *zarpa, zoquete, zueco, diezmo, pez*; con *c* ante las vocales *e, i*, como sucede en *cero, cima*.

Sin embargo, hay abundantes excepciones a la norma general que establece el uso de *c* ante las vocales *e, i: azerbaiyano, azerí, chalazión, elzevir, elzeviriano, elzevirio, enzima* ('fermento'), *enzimático, enzimología, nazi, nazismo, razia, zéjel, zen, zendal* ('grupo indígena mexicano'), *zendo, zepelín, zigurat, zigzag, zigzaguear, zinguizarra, zipizape, ziranda, zis zas.*

Además, algunas palabras pueden escribirse indistintamente con *c* o *z*, pero se prefiere la variante escrita con *c*. Este es el caso, por ejemplo, de: *bencina/benzina, cebra/zebra, cenit/zenit, eccema/eczema*, etc.

> OBSERVACIÓN HISTÓRICA. La *c* con una coma o virgulilla en su curva inferior (*ç*) es la letra llamada cedilla (o ce con cedilla). Se usó antiguamente para el sonido sordo (*plaça*) semejante y opuesto al de la antigua *z* sonora (*vezino*). Hoy se emplea para transcribir textos con ortografía antigua[8].

---

[8] También se utiliza para escribir los nombres no castellanizados de otras lenguas, como *Eça de Queiroz* o *garçon*. El nombre geográfico *Curaçao* suele conservar la *ç* originaria, que se pronuncia como *s*. La grafía hispanizada es *Curazao* (también *Curasao*), al igual que *Azores*, portugués *Açores*, o *Alenzón*, francés *Alençon*.

2.2.1. Letra c

La letra c puede representar dos fonemas: uno oclusivo velar sordo ante las vocales *a, o, u*, ante consonante y en posición final de sílaba o de palabra, como sucede en *carta, clima, acné, vivac,* y otro fricativo interdental sordo ante las vocales *e, i,* como en *cebo, cifra.* En zonas de seseo, ante *e, i* representa el sonido correspondiente a *s*.

Notas orientadoras sobre el uso de la letra *c*

a) **El grupo -cc-.** En posición final de sílaba ante el sonido fricativo interdental sordo, la pronunciación de la letra *c* tiende a perderse en algunas hablas dialectales o descuidadas, confluyendo entonces las terminaciones *-ción* y *-cción*, lo que origina errores ortográficos. Por regla general, se escribirá *-cc-* cuando en alguna palabra de la familia léxica aparezca el grupo *-ct-*. Ejemplos: *adicción* (por relación con *adicto*), *reducción* (con *reducto*), *dirección* (con *director*). Hay, sin embargo, palabras que se escriben con *-cc-* a pesar de no tener ninguna palabra de su familia léxica con el grupo *-ct-*. Ejemplos: *succión, cocción, confección, fricción,* etc. Otras muchas palabras de este grupo, que no tienen *-ct-* sino *-t-* en su familia léxica, se escriben con una sola *c*. Ejemplos: *discreción* (por relación con *discreto*), *secreción* (con *secreto*), *relación* (con *relato*), etc.

b) Se escriben con *c* las palabras que tienen el sonido oclusivo velar sordo de *cama* y *cosa* a final de palabra. Ejemplos: *frac, vivac, cinc.* Excepciones: *amok, anorak, bock, yak, cok, cuark* o *quark* y *volapuk*.

2.2.2. Letra k

La letra *k* siempre representa el fonema oclusivo velar sordo de *kilómetro*.

Se escriben con *k* palabras procedentes de otras lenguas en las que se ha intentado respetar la ortografía originaria. Ejemplos: *káiser, kiwi, kermés, kurdo.* Muchas de ellas pueden también escribirse con *qu* o *c*, como *quermés* o *curdo*.

2.2.3. Letra q

La letra *q* aparece agrupada siempre con la letra *u*, que entonces no suena ante *e*, *i*. El grupo que forman representa el fonema oclusivo velar sordo de *queso* y *quizás*.

> OBSERVACIÓN HISTÓRICA. Antiguamente se usaba la *q* ante las vocales *a*, *o*, interponiendo la letra *u*, que se pronunciaba como tal: *quando, quatro*, etc. En las combinaciones *que, qui*, sobre la *u* se escribía diéresis para indicar que debía pronunciarse. Por ejemplo: *qüestión*.

Se escriben con *qu*:

a) Las palabras en que el fonema mencionado precede a las vocales *e*, *i*. Ejemplos: *esquela, aquí, quiste*. De ahí que las formas de un amplio grupo de verbos cuyos infinitivos terminan en -*car* cambien la *c* por *qu* en el pretérito perfecto simple y en el presente de subjuntivo. Ejemplos: *remolqué* (de *remolcar*), *ataquemos* (de *atacar*).

b) Algunas voces científicas y palabras y locuciones latinas en que este grupo de letras precede con sonido oclusivo velar sordo a las vocales *a* y *o*. En estos casos, la *u* sí se pronuncia [9]. Ejemplos: *quark, quáter, a quo, quórum*.

2.2.4. Letra z

La letra *z* representa el fonema fricativo interdental sordo ante las vocales *a*, *o*, *u* y en posición final de sílaba o de palabra, como sucede en *zanahoria, rezo, zumo, hazmerreír, paz*. Además, en algunas palabras precede, representando el mismo fonema, a las vocales *e*, *i*, como es el caso de *zéjel, zinc* (véase 2.2b). En zonas de seseo representa el sonido correspondiente a *s*.

---

[9] También se suele pronunciar ante *e* o *i* en locuciones latinas recogidas por el *Diccionario* de la Academia, como *ad quem, in utroque jure* o *quid pro quo*.

Notas orientadoras sobre el uso de la letra z

a) Se escriben con -zc- la primera persona del singular del presente de indicativo y todo el presente de subjuntivo de los verbos irregulares terminados en -acer (menos hacer y sus derivados), -ecer, -ocer (menos cocer y sus derivados) y -ucir. Ejemplos: nazco, abastezco, reconozcamos, produzca.

b) Se escriben con -z final las palabras cuyo plural termina en -ces. Ejemplos: vejez/vejeces, luz/luces, lombriz/lombrices.

2.2.5. Dígrafo ch

El dígrafo *ch* representa el fonema africado palatal sordo presente en *achaque, noche, choza, chuzo*.

> OBSERVACIÓN HISTÓRICA. La representación escrita de este fonema palatal, que no existía en latín, conoció en nuestra lengua múltiples vicisitudes gráficas. Fue representado antiguamente por *g, gg, ci*, etc., hasta que, por influencia transpirenaica, quedó fijado en el dígrafo *ch*, que los escribas franceses venían utilizando desde los primeros textos literarios.

2.3. Letras g, j

El fonema velar sonoro se representa por medio de la letra *g* ante las vocales *a, o, u*, como en *gamo, golosina* o *guasa*; en posición final de sílaba, como en *digno*; y agrupado con otra consonante, como en *gritar, glacial* o *gnomo*. El dígrafo *gu* representa el mismo fonema ante *e, i*, como en *guerra, guitarra*. Cuando la *g* y la *u* han de tener sonido independiente ante *e, i*, es forzoso que la *u* lleve diéresis. Ejemplos: *antigüedad, desagüe, lingüístico*.

El fonema fricativo velar sordo se representa por *j* ante cualquier vocal, como en *jarra, jeta, jirón, joya, júbilo,* y por *g* ante *e, i,* como en *gente, girar.*

> OBSERVACIÓN HISTÓRICA. La confluencia de *g* y *j* para representar el fonema fricativo velar sordo ante las vocales *e, i* ha originado la frecuente vacilación ortográfica entre estas letras, porque imperó el criterio etimológico sobre el fónico. Así, se escribieron con *g* aquellas palabras que la tenían en latín, como *gemelo, ingerir* o *gigante,* que proceden de las latinas *gemellu(m), ingerere* y *gigante(m),* y con *j* aquellas que no tenían *g* en su origen, como *mujer, injerir* o *jeringa,* procedentes de *muliere(m), inserere* o *siringa(m).*

2.3.1. *Letra* g

Representa la *g* dos fonemas: uno velar sonoro ante las vocales *a, o, u* y ante consonante, como en *gamo, gloria, magno,* y otro velar sordo ante las vocales *e, i,* como en *gerundio, gimnasia.*

Notas orientadoras sobre el uso de la letra g

Se escriben con *g:*

a) Las palabras en que el fonema velar sonoro precede a cualquier consonante, pertenezca o no a la misma sílaba. Ejemplos: *glacial, grito, dogmático, impregnar, maligno, repugnancia.*

b) Las palabras que empiezan por *gest-.* Ejemplos: *gesta, gestación, gestor.*

c) Las que empiezan por el elemento compositivo *geo-* ('tierra'). Ejemplos: *geógrafo, geometría, geodesia.*

d) Las que terminan en *-gélico, -genario, -géneo, -génico, -genio, -génito, -gesimal, -gésimo* y *-gético.* Ejemplos: *angélico, sexagenario, homogéneo, fotogénico, ingenio, primogénito, cuadragesimal, vigésimo, apologético.*

f) Las que terminan en *-giénico, -ginal, -gíneo, -ginoso* (excepto *aguajinoso*). Ejemplos: *higiénico, original, virgíneo, ferruginoso.*

---

g) Las que terminan en *-gia*, *-gio*, *-gión*, *-gional*, *-gionario*, *-gioso* y *-gírico*. Ejemplos: *magia, regia, frigia, liturgia, litigio, religión, regional, legionario, prodigioso, panegírico*. Excepciones: las voces que terminan en *-plejía* o *-plejia* (*apoplejía, paraplejia...*) y *ejión*.

h) Las que terminan en *-gente* y *-gencia*. Ejemplos: *vigente, exigente, regencia*. Excepción: *majencia*.

i) Las que terminan en *-ígeno, -ígena, -ígero, -ígera*. Ejemplos: *indígena, oxígeno, alígera, belígero*.

j) Las que terminan en *-logía, -gogia* o *-gogía*. Ejemplos: *teología, demagogia, pedagogía*.

k) Las que terminan en el elemento compositivo *-algia* ('dolor'). Ejemplos: *neuralgia, gastralgia, cefalalgia*.

l) Los verbos terminados en *-igerar, -ger* y *-gir* (*morigerar, proteger, fingir*) y las correspondientes formas de su conjugación, excepto en el caso de los sonidos *ja, jo*, que nunca se pueden representar con *g*: *protege, fingía*, pero *proteja, finjo*. Existen algunas excepciones, como *tejer, crujir* y sus derivados.

2.3.2. Letra j

La *j* representa el fonema fricativo velar sordo ante cualquier vocal o en final de palabra. Ejemplos: *jamón, jeta, jirafa, joven, junio, reloj, boj, carcaj*.

Notas orientadoras sobre el uso de la letra j

Se escriben con *j*:

a) Las palabras derivadas de voces que tienen *j* ante las vocales *a, o, u*. Así, *cajero, cajita* (de *caja*); *lisonjear* (de *lisonja*); *cojear* (de *cojo*); *ojear* (de *ojo*); *rojear, rojizo* (de *rojo*).

b) Las voces de uso actual que terminan en *-aje, -eje*. Ejemplos: *coraje, hereje, garaje*. Excepciones: *ambages, enálage, hipálage*.

c) Las que acaban en *-jería*. Ejemplos: *cerrajería, consejería, extranjería*.

19

d) Las formas verbales de los infinitivos que terminan en *-jar.* Ejemplos: *trabaje, trabajemos* (de *trabajar*); *empuje* (de *empujar*). También las de los pocos verbos terminados en *-jer* y en *-jir*, como *cruje* (de *crujir*); *teje* (de *tejer*).

e) Los verbos terminados en *-jear*, así como sus correspondientes formas verbales. Ejemplos: *canjear, homenajear, cojear.* Excepción: *aspergear.*

f) El pretérito perfecto simple y el pretérito imperfecto y futuro de subjuntivo de los verbos *traer, decir* y sus derivados, y de los verbos terminados en *-ducir.* Ejemplos: *traje* (de *traer*); *dije, dijera* (de *decir*); *predijéramos* (de *predecir*); *adujera, adujeren* (de *aducir*).

2.4. Letra *h*

Esta letra, que puede preceder a todas las vocales [10], no representa hoy sonido alguno en nuestro idioma [11]. Esto origina problemas ortográficos para distinguir qué palabras han de llevar *h* y cuáles no; los problemas son mayores cuando la grafía sirve para distinguir significados, como en los homófonos *hojear/ojear, honda/onda, hecho/echo,* etc.

> OBSERVACIÓN HISTÓRICA. La ortografía española no ha seguido pautas fijas en cuanto a la conservación o supresión de la letra *h*.
>
> La mantuvo, por regla general, en aquellas voces que tenían en su origen *h* latina, espíritu áspero griego o aspiración germánica o árabe. Este es el caso, por ejemplo, de *haber, habilitar, hebreo, herencia, hirsuto, hombre, hombro,*

---

[10] Hay unas pocas palabras de origen extranjero que llevan *h* ante consonante: son *ohm* y sus derivados, y *brahmán* y los suyos.

[11] Se ha perdido la aspiración con que antiguamente se pronunciaba la *h* procedente de *f* latina; esta aspiración aún se conserva como rasgo dialectal en Andalucía, Extremadura, Canarias y otras zonas de España y América. Los poetas de nuestro Siglo de Oro tuvieron muchas veces en cuenta la *h* aspirada en sus composiciones métricas, y gran número de versos suyos, leídos sin aspiración, tendrían una sílaba menos; así, por ejemplo, este de Garcilaso de la Vega: «por donde no *h*allaba / sino memorias llenas d'alegría» (*Égloga I*).

honestidad, honor, horror, hoy, humilde, humor, procedentes del latín [12]; *hélice, helio, hedonista*, del griego; *hansa*, del alemán; *hálara, harén, alhaja, hasta*, del árabe. También aparece la *h* en palabras procedentes de lenguas amerindias, como *hamaca, hicaco, huasca*; o del inglés, como *hurra*.

Al contrario, el uso ha ido imponiendo en nuestra lengua la supresión de la *h* en palabras que originariamente la tenían. Así sucede, por ejemplo, con *aborrecer, asta* ('cuerno', 'mástil'...), *comprender, invierno, ora* [13], aunque procedan de las latinas *abhorrere, hasta, comprehendere, hibernum; endecasílabo*, aunque en griego tenía espíritu áspero; *ardido, arpa, alacena*, aunque las originarias voces germánicas y árabes comenzaran con aspiración, etc. [14]

En otros casos, se mantiene la doble posibilidad en la escritura: *alhelí/alelí, armonía/harmonía, arpía/harpía*, etc. La Academia, con apoyo en los datos de sus archivos léxicos, prefiere, en los casos anteriores, la palabra que aparece en primer lugar de cada doblete, por ser más frecuente.

Un segundo grupo de palabras que hoy se escriben con *h* es el de aquellas que proceden de voces latinas con *f* inicial, como *haba, hacer, halcón, hambre, harina, haz, heder, heno, hermoso, hijo, hilo, hoja, hongo, humo, hundir* o *huso*, que provienen de las latinas *faba(m), facere, falcone(m)*, etc., y que en castellano antiguo llevaban también *f*. Esta pasó después a ser aspirada y finalmente enmudeció, aunque la *h* actual mantenga testimonio escrito de ella.

---

[12] Se escribe *h* intercalada en palabras derivadas de la palabra latina *haerere*, que significa 'estar unido'. Ejemplos: *adherencia, cohesión, inherente*.

[13] La conjunción *ora* es una aféresis de *ahora*, que procede del latín *hac hora* y conserva la *h* en la segunda sílaba, y no en la primera.

[14] También se fue suprimiendo progresivamente la *h* de los dígrafos con dicha letra (*ph, th, rh* y *ch*) en palabras de procedencia hebrea o griega. Desde 1779 se suprimen *th* y *rh*; así, *Thamar, Athenas, theatro, rheuma*, pasaron a escribirse *Tamar, Atenas, teatro, reuma*. La combinación *ph* también se eliminó en favor de *f* a partir de 1803 (*phantasma, ámphora, ortographía* se escribieron desde entonces *fantasma, ánfora, ortografía*). El dígrafo *ch* quedó eliminado para representar el sonido velar oclusivo sordo en palabras como *Christo, chimera, choro*, que desde 1803 se escribieron *Cristo, quimera, coro*.

Notas orientadoras sobre el uso de la letra *h*

Se escriben con *h*:

a) Las formas de los verbos *haber, hacer, hallar, hablar, habitar.* Ejemplos: *haga, hallemos, hablará.*

b) Como ya se advirtió, los compuestos y derivados de los vocablos que tengan esta letra. Ejemplos: *gentilhombre*, compuesto de *hombre; herbáceo*, derivado de *hierba.*

> *Acción* e *ilación* se escriben sin *h* porque ni la primera viene de *hacer*, ni la segunda de *hilo* o de *hilar. Acción* era *actio* en latín, y proviene del supino *actum*, e *ilación* es la *illatio* latina, también procedente del supino *illatum.*
>
> Las palabras *oquedad, orfandad, orfanato, osamenta, osario, óseo, oval, óvalo, ovario, oscense, oler,* etc. se escriben sin *h* porque no la tienen en su origen. *Hueco, huérfano, hueso, huevo, Huesca, huelo* la llevan por comenzar con el diptongo *ue*, según la regla ortográfica siguiente [15].

c) Las palabras de uso actual que empiezan por los diptongos *ia, ie, ue* y *ui*. Ejemplos: *hiato, hiena, huele, huidizo.* Excepción: *iatrogénico.*

Se escribe *h* intercalada en palabras que llevan el diptongo *ue* precedido de vocal. Ejemplos: *cacahuete, vihuela, aldehuela.* Excepción: *grauero.*

Algunas palabras que comienzan por *hue-* o por *hui-* pueden escribirse también con *güe-* y *güi-* respectivamente. Es el caso de *huemul, huero, huillín, huipil, huiro, huisquil* y *huisquilar*, escritas también *güemul, güero, güillín, güipil, güiro, güisquil* y *güisquilar.*

---

[15] Juan de Valdés (c 1499-1541) empleaba esta *h* para evitar pronunciaciones como *güevo, güerto* o *güeso*, que a él le resultaban ofensivas. Por otra parte, los impresores adoptaron la costumbre de poner *h* delante de vocal con el fin de indicar que la *u* con que entonces se representaba tanto el fonema vocálico correspondiente a *u* como el labial sonoro correspondiente a *b* debía pronunciarse como vocal en tales palabras. Según esto, y ante la utilización indistinta de *u* y *v* como consonantes o como vocales, una palabra como *huevo* podía escribirse *uevo o veuo*, y confundirse con *uevo* (de *beber*).

d) Las palabras que empiezan por los elementos compositivos [16] *hecto-* ('cien') —distinto de *ecto-* ('por fuera')—, *helio-* ('sol'), *hema-, hemato-, hemo-* ('sangre'), *hemi-* ('medio, mitad'), *hepta-* ('siete'), *hetero-* ('otro'), *hidra-, hidro-* ('agua'), *higro-* ('humedad'), *hiper-* ('superioridad' o 'exceso'), *hipo-* ('debajo de' o 'escasez de'), *holo-* ('todo'), *homeo-* ('semejante' o 'parecido'), *homo-* ('igual'). Ejemplos: *hectómetro, heliocéntrico, hematoma, hemiciclo, hemoglobina, heptaedro, heterosexual, hidráulico, hidrógeno, higrómetro, hipérbole, hipócrita, holografía, homeopatía, homógrafo.*

e) Algunas interjecciones. Ejemplos: *hala, bah, eh.*

f) Por regla general, las palabras que empiezan por *histo-, hosp-, hum-, horm-, herm-, hern-, holg-* y *hog-*. Ejemplos: *histología, hospital, humedad, hormiga, hermano, hernia, holgado, hogar.*

2.5. Letras i, y, ll

El fonema vocálico *i* puede ser representado por las letras *i* e *y*. A diferencia de *i*, que solo representa el fonema vocálico *i* de *idea* y el de *cielo* o *caiga*, la letra *y* representa también el fonema palatal sonoro de *yema*.

En la pronunciación yeísta, la letra *ll*, que representa el fonema lateral palatal de *llave*, se articula con la misma pronunciación que la letra *y*, es decir, como el fonema palatal sonoro de *yunque*. De manera que las personas yeístas pronuncian igual *halla* y *haya*. Esto explica las dificultades que ofrece la escritura de las palabras que contienen alguna de estas letras.

2.5.1. *Letra y*

La letra *y* [17] puede representar dos fonemas distintos: uno equivalente al representado por la letra *i* en palabras como *muy, estoy*

---

[16] Todos los elementos compositivos ahora enumerados proceden del griego y tienen espíritu áspero en la lengua de origen.

[17] Era costumbre antigua emplear en lo manuscrito como letra inicial la *Y* mayúscula en vez de la *I*. No se escriben ya *Ygnacio, Ysabel*, sino *Ignacio, Isabel*.

o *y*; otro consonántico, el fonema palatal sonoro, en palabras como *reyes, cayado, hoyo*.

Notas orientadoras sobre el uso de la letra *y*

Se escriben con *y*:

a) Las palabras que terminan con el sonido correspondiente a *i* precedido de una vocal con la que forma diptongo, o de dos con las que forma triptongo. Ejemplos: *ay, estoy, verdegay, Bombay, buey, ley, rey, convoy, soy, Godoy, muy, Uruguay, Garay*, etc. Hay algunas excepciones, como *saharaui* o *bonsái* [18].

b) La conjunción copulativa *y*. Ejemplos: *Juan y María; cielo y tierra; este y aquel*. Esta conjunción toma la forma *e* ante una palabra que empiece por el fonema vocálico correspondiente a *i* (*ciencia e historia; catedrales e iglesias*), salvo si esa *i* forma diptongo (*cobre y hierro; estratosfera y ionosfera*).

c) Las palabras que tienen el sonido palatal sonoro ante vocal, y especialmente:

　　1.º Cuando sigue a los prefijos *ad-, dis-* y *sub-*. Ejemplos: *adyacente, disyuntivo, subyacer*.

　　2.º Algunas formas de los verbos *caer, raer, creer, leer, poseer, proveer, sobreseer*, y de los verbos acabados en *-oír* y *-uir*. Ejemplos: *cayeran, leyendo, oyó, concluyo, atribuyera*.

　　3.º Las palabras que contienen la sílaba *-yec-*. Ejemplos: *abyecto, proyección, inyectar*.

　　4.º Los plurales de los nombres que terminan en *y* en singular (*rey/reyes*) [19].

　　5.º El gerundio del verbo *ir: yendo*.

2.5.2. Letra i

La letra *i* representa el fonema vocálico cerrado y anterior cualquiera que sea la posición que tenga en la palabra (inicial, medial

---

[18] En algunos países, manteniendo la antigua ortografía castellana, se escriben con *y* palabras de origen amerindio como *ayllu, guaycurú*, etc.

[19] Aunque en palabras de reciente introducción se tiende a formar el plural cambiando la *y* en *i* y añadiendo una *s*. Ejemplos: *jersey/jerséis, samuray/samuráis*. Hay casos de vacilación como el de *noray*, que admite los dos plurales: *noráis* o *norayes*.

o final), ya formando sílaba por sí misma, ya acompañada de consonante o formando parte de un diptongo. Ejemplos: *ibero, infame, rico, marroquí, viaje, bien.*

2.5.3. Dígrafo ll

El dígrafo *ll* representa el fonema lateral palatal de *valla, calle, allí, caballo, Illescas.*

Sobre la identificación de *ll* con *y* como fonema consonántico en la pronunciación yeísta, véanse los apartados *1.2.1*b y *2.5.*

> OBSERVACIÓN HISTÓRICA. Antiguamente se escribían con *ll,* según su procedencia griega o latina, palabras como *Sibilla, Hellesponto, Gallia, Marcello* y *Póllux,* dando lugar a que algunos pronunciaran estas palabras con el sonido lateral palatal de *llave* y a que aún hoy algunos digan o lean de esa manera *Caracalla.*

Notas orientadoras sobre el uso del dígrafo ll

Se escriben con *ll:*
a) Las palabras de uso general terminadas en *-illa* e *-illo.* Ejemplos: *mesilla, cigarrillo, costilla.*
b) La mayor parte de los verbos terminados en *-illar, -ullar* y *-ullir.* Ejemplos: *abarquillar, apabullar, bullir.*

2.6. Letra m

La letra *m* representa el fonema nasal labial de *maleta* o *ambiguo.*

Notas orientadoras sobre el uso de la letra m

Se escribe *m:*

a) Antes de *b* y *p.* Ejemplos: *ambiguo, imperio, campo.* En cambio, se escribe siempre *n* antes de *v.* Ejemplos: *envío, invitar, anverso.*

> b) A principio de palabra, cuando precede inmediatamente a la *n*.
> Ejemplos: *mnemotecnia, mnemónica, mnemotécnico*. En tales pala-
> bras puede simplificarse la grafía y escribirse *nemotecnia, nemó-
> nica, nemotécnico*.
> c) A final de palabra, en algunos extranjerismos y latinismos. Ejem-
> plos: *zum, álbum, currículum, auditórium*.

2.7. Letra ñ

La letra ñ representa el fonema nasal palatal de *año, España* o
ñandú.

> OBSERVACIÓN HISTÓRICA. Al tratarse también de un fonema
> no existente en latín, su representación gráfica es muy
> poco uniforme en los idiomas que descienden directa-
> mente de la lengua de Roma. El catalán eligió *ny*, el fran-
> cés y el italiano prefirieron *gn* y el portugués se decidió por
> *nh*. La solución adoptada por nuestra lengua, tras muchas
> vacilaciones, fue distinta. Aunque antiguamente eligió
> también un dígrafo, *nn*, pronto se abrevió el compuesto
> mediante una *n* con una raya encima. Esta raya, la tilde,
> adquirió después la forma ondulada que conserva en nues-
> tros días. La nueva letra ha sido adoptada por otros idio-
> mas: el gallego, el vascuence, el guaraní, el tagalo, etc.

2.8. Letra p

La letra *p* representa el fonema oclusivo labial sordo de *pulso*.

En posición inicial de palabra, conforme al uso de las lenguas
modernas de cultura, es recomendable la conservación del grupo
ps-. Ejemplos: *psicología, psitacismo, psicosis*. Excepciones: las palabras que contienen el elemento compositivo *seudo-*, preferido a
pseudo-. Ejemplos: *seudónimo, seudópodo*.

De manera análoga, se recomienda conservar el grupo *-pt-* en
palabras como *séptimo, septiembre*, etc.

2.9. Letra r; dígrafo rr

La letra r puede representar, según la posición en la que aparezca, el fonema vibrante simple de *donaire* y el múltiple de *rosa*. El dígrafo *rr*, escrito siempre entre vocales, solo representa el fonema vibrante múltiple de *corro*.

2.9.1. Letra r

La letra r puede representar dos fonemas distintos, dependiendo de la posición en que aparezca: el fonema vibrante simple de *aro, cercar* y *traje* en posición intervocálica, en final de sílaba y en los grupos consonánticos *br, cr, dr, fr, gr, kr, pr* y *tr*; y el fonema vibrante múltiple de *rosa* y *honra* en posición inicial de palabra y después de una consonante que no pertenezca a la misma sílaba.

La r detrás de los prefijos *ab-, sub-* y *post-*[20] pertenece a una sílaba distinta, y el sonido que representa es múltiple. Ejemplos: *abrogar, subrogar, subrayar, postromántico*.

Notas orientadoras sobre el uso de la letra r

Se escriben con r:

a) Todas las palabras que tienen el sonido vibrante simple en posición intervocálica o después de *b, c, d, f, g, k, p* y *t*. Ejemplos: *cara, pereza, brazo, cromo, drama, fresa, grande, krausismo, prado, tramo*.

b) Las palabras que tienen el sonido vibrante múltiple en posición inicial de palabra. Ejemplos: *razón, regla, risco, rosa, rumor*.

c) Las palabras que tienen el sonido vibrante múltiple detrás de cualquier otra consonante que pertenezca a sílaba distinta[21]. Ejemplos: *alrededor, malrotar, honra, rumrum, israelita*.

d) Las palabras que tienen el sonido vibrante en final de sílaba. Ejemplos: *arpegio, perla, olivar, amor*.

---

[20] Para algunas personas, la r detrás de los prefijos *ab-* y *sub-* sí forma con la *b* grupo consonántico, y por tanto el sonido que representa es simple.

[21] Véase, sin embargo, la nota anterior.

2.9.2. Dígrafo rr

El dígrafo *rr* solo aparece escrito entre vocales y siempre representa el fonema vibrante múltiple de *carro* o *perro*.

Notas orientadoras sobre el uso del dígrafo rr

Se escriben con *rr*:
a) Las palabras que tienen el sonido vibrante múltiple en posición intervocálica. Ejemplos: *parra, cerro, barra, cerrojo, arrullo*.
b) Las palabras compuestas cuyo segundo formante comienza por *r*, de manera que el sonido vibrante múltiple queda en posición intervocálica. Ejemplos: *andarríos, contrarréplica, prorrata, vicerrector*.

2.10. Letra *t*

La letra *t* representa el fonema oclusivo dental sordo de *tomate*.

La *t* del prefijo de origen latino *post-* se conserva en voces como *postdata* o *postoperatorio*. Pero, ateniéndonos al criterio de uso más frecuente, es preferible emplear la forma *pos-*, que da lugar a palabras como *posdata* o *posoperatorio*.

2.11. Letra *x*

La letra *x* representa sonidos diferentes según la posición que tenga en la palabra. En posición intervocálica o en final de palabra, representa el grupo consonántico *ks* [22] (o *gs* en pronunciación relajada). Ejemplos: *examen, exhibir, relax*. En cambio, en posición inicial de palabra la pronunciación más frecuente es la de *s*, y en posición final de sílaba puede ser, en distintas regiones y según las consonantes que sigan, *s* o *ks* (o *gs*). Ejemplos: *xilófono, excelente, excavar, exportar, exterior, exfoliante*. La reducción a *s* de la pronunciación de *x* suele originar dudas ortográficas.

---

[22] Que también se representa con *cs* en las palabras *facsímil, facsimilar, facsímile, fucsia, fucsina, macsura* y *telefacsímil*.

En la Edad Media, la *x* representaba también el fonema fricativo palatal sordo de *dixo*, que a partir del siglo XVI evolucionaría hacia el fonema fricativo velar sordo de *dijo*. Algunos restos de esta grafía se encuentran en topónimos como *México, Oaxaca, Texas* y sus derivados (*mexicano, oaxaqueño, texano...*), y en algunos apellidos como *Ximénez* o *Mexía*. La pronunciación de esta *x*, en esas y otras palabras, es fricativa velar sorda, es decir, suena como *j*; constituye, por tanto, un error ortológico articularla como *ks* [23].

Notas orientadoras sobre el uso de la letra *x*

Se escriben con *x*:

a) Las palabras que empiezan por los elementos compositivos *xeno-* ('extranjero'), *xero-* ('seco, árido') y *xilo-* ('madera'). Ejemplos: *xenofobia, xerocopia, xilófago.*

b) Las palabras que empiezan por la sílaba *ex-* seguida del grupo *-pr-*. Ejemplos: *expresar, exprimir.*

c) Muchas palabras que empiezan por la sílaba *ex-* seguida del grupo *-pl-*. Ejemplos: *explanada, explicar, explotar*. No se ajustan a esta tendencia *esplendor* y sus derivados, así como *espliego, esplín, esplenio, esplénico* y otras voces.

d) Las palabras que empiezan por los prefijos *ex-* ('fuera, más allá' o 'privación') y *extra-* ('fuera de'). Ejemplos: *excarcelar, exánime, extramuros, extracorpóreo.*

2.12. Peculiaridades de las voces de otras lenguas y de los nombres propios

Las voces de otros idiomas no adaptadas al español y utilizadas en nuestra lengua respetarán su ortografía original. En la escritura, es con-

---

[23] En cuanto a las variantes escritas con *j* (*Méjico, mejicano...*), se recomienda restringir su uso en atención a la tradición ortográfica del país americano.

Recordemos, por otra parte, que en México, además, la letra *x* sigue representando el fonema fricativo palatal sordo en *Xola, Mixcoac* y otras palabras de origen azteca o maya. También puede conservarse esta pronunciación arcaizante en apellidos citados arriba. Por el contrario, en el topónimo *Xochimilco* la *x* se pronuncia como *s*.

veniente distinguirlas mediante el uso de procedimientos gráficos como las comillas[24], la letra cursiva, etc. Ejemplos: *affaire, lady, whisky.*

Los nombres propios de otras lenguas no hispanizados se escriben como en la lengua originaria —no es necesario distinguirlos gráficamente—, y tampoco están sujetos a las reglas de la ortografía española. Ejemplos: *Washington, Perth, Botticelli,* etc.

Las palabras de origen extranjero adaptadas a la pronunciación y a la grafía española desde fecha más o menos antigua deben seguir todas las reglas ortográficas. Ejemplos: *Basilea, brandi, Burdeos, chalé, Londres.*

Por otra parte, en ciertos nombres propios españoles, el influjo de tradiciones peculiares, la propia evolución fonético-histórica o el trueque de letras en siglos pasados (como *b/v, j/g/x, y/i* o *c/z*) mantiene a veces grafías peculiares. Ejemplos: *Balbuena, Rivera, Mexía, Ximénez* o *Giménez, Ybarra, Zelaya,* etc. (junto a los más habituales *Valbuena, Ribera, Mejía, Jiménez, Ibarra* o *Celaya*).

---

[24] Sobre este uso de las comillas, véase 5.10.3.

CAPÍTULO III

USO DE LAS LETRAS MAYÚSCULAS

Letra mayúscula es aquella que se escribe con mayor tamaño y, por regla general, con forma distinta de la minúscula.

3.1. Consideraciones generales

Siempre que se escriba con mayúscula, habrá que tener en cuenta las consideraciones siguientes:

3.1.1. El empleo de la mayúscula no exime de poner tilde cuando así lo exijan las reglas de acentuación (véase cap. IV). Ejemplos: *Álvaro, SÁNCHEZ.*

3.1.2. En las palabras que empiezan con un dígrafo, como es el caso de *ll, ch* o *gu* y *qu* ante *e, i*, solo se escribirá con mayúscula la letra inicial. Ejemplos: *Chillida, Chillán, Llerena, Llorente, Guerrero, Guillermo, Quevedo, Quilmes.*

3.1.3. La *i* y la *j* mayúsculas se escribirán sin punto. Ejemplos: *Inés, JAVIER, Juvenal.*

3.2. Mayúsculas en palabras o frases enteras

En ocasiones se emplean letras mayúsculas para destacar palabras o frases enteras de un escrito. Suele hacerse así:

3.2.1. En las cubiertas y portadas de los libros impresos, en los títulos de cada una de sus divisiones internas (partes, capítulos, escenas, etc.) y en las inscripciones monumentales. Por ejemplo:

BENITO PÉREZ GALDÓS
FORTUNATA Y JACINTA

3.2.2. En las siglas y acrónimos. Ejemplos: *ISBN, UNESCO, OTI, OMS*[25].

3.2.3. En las cabeceras de diarios y revistas. Ejemplos: *HERALDO DE ARAGÓN, EL TIEMPO, LA VANGUARDIA, LA NACIÓN.*

3.2.4. En la numeración romana[26]. Se utiliza esta para significar el número ordinal con que se distinguen personas del mismo nombre (especialmente papas y reyes), como *Pío V, Felipe II, Fernando III;* el número de cada siglo, como *siglo XVI;* el de un tomo, libro, parte, canto, capítulo, título, ley, clase y otras divisiones, y el de las páginas que así vayan numeradas en los prólogos y principios de un volumen[27].

3.2.5. En textos jurídicos y administrativos —decretos, sentencias, bandos, edictos, certificados o instancias—, el verbo o verbos que presentan el objetivo fundamental del documento. Ejemplos: *CERTIFICA, EXPONE, SOLICITA.*

3.3. Mayúsculas iniciales

El uso de la mayúscula inicial se rige por la posición que ocupa la palabra (y, en consecuencia, por la puntuación exigida en cada

---

[25] Se escribirán con minúscula, en cambio, los que con el uso se han convertido en nombres comunes. Por ejemplo: *inri, láser, radar.* Así los recoge el *Diccionario* de la Academia.

[26] En ningún caso se utilizarán letras voladas tras los números romanos. No se escribirá, pues, *III.ª parte.

[27] Algunos impresores utilizan letras minúsculas en este último caso: *página xxii, xvi,* etc.

caso), por su condición o categoría de nombre propio y por otras circunstancias.

3.3.1. *En función de la puntuación*

Se escribirán con letra inicial mayúscula:

a) La primera palabra de un escrito y la que vaya después de punto. Por ejemplo:

> *Hoy no iré. Mañana puede que sí.*

b) La palabra que sigue a los puntos suspensivos, cuando estos cierran un enunciado (véase 5.5). Por ejemplo:

> *No sé si... Sí, iré.*

c) La que sigue a un signo de cierre de interrogación (?) o de exclamación (!), si no se interpone coma, punto y coma o dos puntos (véase 5.6.4). Por ejemplo:

> *¿Dónde? En la estantería.*

d) La que va después de dos puntos, siempre que siga a la fórmula de encabezamiento de una carta o documento jurídico-administrativo *(Muy señor mío: Le agradeceré...),* o reproduzca palabras textuales *(Pedro dijo: «No volveré hasta las nueve»).* Véanse 5.3.2, 5.3.3 y 5.3.6.

3.3.2. *En función de la condición o categoría*

Se escribirá con letra inicial mayúscula todo nombre propio, como son los siguientes:

a) Nombres de persona, animal o cosa singularizada. Ejemplos: *Pedro, Alberto, Beatriz, María, Platón, Caupolicán, Rocinante, Platero, Colada, Olifante.*

b) Nombres geográficos. Ejemplos: *América, España, Jaén, Honduras, Salta, Cáucaso, Himalaya, Adriático, Tajo, Pilcomayo.*

Cuando el artículo forme parte oficialmente del nombre propio, ambas palabras comenzarán por mayúscula. Ejemplos: *El Salvador, La Zarzuela, La Habana, Las Palmas.*

Se escribe con mayúscula el nombre que acompaña a los nombres propios de lugar, cuando forma parte del topónimo. Ejemplos: *Ciudad de México, Sierra Nevada, Puerto de la Cruz.* Se utilizará la minúscula en los demás casos. Ejemplos: *la ciudad de Santa Fe, la sierra de Madrid, el puerto de Cartagena.*

c) Apellidos. Ejemplos: *Álvarez, Pantoja, Martínez.* En el caso de que un apellido comience por preposición, por artículo o por ambos, estos se escribirán con mayúscula solo cuando encabecen la denominación. Por ejemplo: *señor De Felipe* frente a *Diego de Felipe.*

Se escribirán también con mayúscula los nombres de las dinastías derivados de un apellido. Ejemplos: *Borbones, Austrias, Capetos.*

d) Nombres de constelaciones, estrellas, planetas o astros, estrictamente considerados como tales. Ejemplos:

La Osa Mayor está formada por siete estrellas.

El Sol es el astro central de nuestro sistema planetario.

En el último eclipse, la Tierra oscureció totalmente a la Luna.

Por el contrario, si el nombre se refiere, en el caso del *Sol* y de la *Luna,* a los fenómenos sensibles de ellos derivados, se escribirá con minúscula:

Tomar el sol.

Noches de luna llena.

En el caso de la *Tierra,* todos los usos no referidos a ella en cuanto planeta aludido en su totalidad se escribirán también con minúscula:

El avión tomó tierra.

Esta tierra es muy fértil.

La tierra de mis padres.

e) Nombres de los signos del Zodiaco. Ejemplos: *Tauro, Aries, Libra.* De igual modo, los nombres que aluden a la característica principal de estos signos, como *Balanza* (por *Libra*), *Toro* (por *Tauro*), *Carnero* (por *Aries*), *Gemelos* (por *Géminis*), *Cangrejo* (por *Cáncer*), *Pez* (por *Piscis*), *Escorpión* (por *Escorpio*), *León* (por *Leo*), *Virgen* (por *Virgo*).

Cuando el nombre propio deja de serlo porque designa a las personas nacidas bajo ese signo, se escribirá con minúscula. Por ejemplo:

Juan es tauro.

f) Nombres de los puntos cardinales, cuando nos referimos a ellos explícitamente. Por ejemplo:

La brújula señala el Norte.

Cuando el nombre se refiere a la orientación o dirección correspondientes a estos puntos, se escribirá con minúscula. Ejemplos:

El norte de la ciudad.

Viajamos por el sur de España.

El viento norte.

g) Nombres de festividades religiosas o civiles. Ejemplos: *Pentecostés, Epifanía, Navidad, Corpus, Día de la Constitución, Día de la Independencia.*

h) Nombres de divinidades. Ejemplos: *Dios, Jehová, Alá, Apolo, Juno, Amón.*

i) Libros sagrados. Ejemplos: *Biblia, Corán, Avesta, Talmud.*

j) Atributos divinos o apelativos referidos a Dios, Jesucristo o la Virgen María. Ejemplos: *Todopoderoso, Cristo, Mesías, Inmaculada, Purísima.*

k) Nombres de las órdenes religiosas. Ejemplos: *Cartuja, Merced, Temple, Carmelo*.

l) Marcas comerciales. Ejemplos: *Coca-Cola, Seat*.

En los casos anteriores, cuando el nombre propio se use como común, es decir, cuando pase a designar un género o una clase de objetos o personas, deberá escribirse con minúscula. Ejemplos: *un herodes, una venus*. Lo mismo sucede cuando se designa algo con el nombre del lugar del que procede, o con el de su inventor, fabricante, marca o persona que lo popularizó. Ejemplos: *un jerez, un oporto, una aspirina, un quinqué, unos quevedos*. En este último caso, cuando se quiere mantener viva la referencia al autor, creador o fabricante de la obra, se utilizará la mayúscula inicial. Ejemplos: *un Casares, dos Picassos, un Seat*.

3.3.3. *En función de otras circunstancias*

Se escribirán con letra inicial mayúscula:

a) Los sobrenombres y apodos con que se designa a determinadas personas. Ejemplos: *el Libertador, el Sabio, el Bosco, Clarín, el Inca Garcilaso*.

b) En general, cuando por antonomasia se emplean apelativos usados en lugar del nombre propio, como *el Mantuano* (por *Virgilio*), *el Sabio* (por *Salomón*), *el Magnánimo* (por el rey *Alfonso V*) o se designan conceptos o hechos religiosos (*la Anunciación, la Revelación, la Reforma*).

c) Las advocaciones de la Virgen. Ejemplos: *Guadalupe, Rocío*. Y las celebraciones a ellas dedicadas. Ejemplos: *el Pilar, el Rocío*.

d) Los tratamientos, especialmente si están en abreviatura. Ejemplos: *V. S.* (*Usía*), *U.* o *V.* (*usted*), etc. Cuando se escribe con todas sus letras, *usted* no debe llevar mayúscula. *Fray Luis* (referido, por ejemplo, a *Fray Luis de León*), *Sor Juana* (referido a *Sor Juana Inés de la Cruz*), *San Antonio*, etc., son acuñaciones que funcionan como nombres propios.

e) Los sustantivos y adjetivos que componen el nombre de instituciones, entidades, organismos, partidos políticos, etc. Ejemplos: *la Biblioteca Nacional, la Inquisición, el Tribunal Supremo, el Museo de Bellas Artes, el Colegio Naval, la Real Academia de la Historia, el Instituto Caro y Cuervo, la Universidad Nacional Autónoma de México, el Partido Demócrata.*

f) Los nombres, cuando significan entidad o colectividad como organismo determinado. Ejemplos: *la Universidad, el Estado, el Reino, la Marina, la Justicia, el Gobierno, la Administración, la Judicatura.* Ejemplos:

   La Magistratura mostró su oposición al proyecto.

   La Iglesia celebra mañana esa festividad.

   Pero se utilizará la minúscula inicial en casos como:

   Ejerció su magistratura con brillantez.

   Visitó la iglesia del pueblo.

g) La primera palabra del título de cualquier obra. Ejemplos: *El rayo que no cesa, Luces de bohemia, El mundo es ancho y ajeno, Cantos de vida y esperanza, El perro andaluz, Los girasoles.* En las publicaciones periódicas y colecciones, en cambio, se escriben con mayúscula los sustantivos y adjetivos que forman el título. Ejemplos: *Nueva Revista de Filología Hispánica, El Urogallo, Biblioteca de Autores Españoles.*

h) Los nombres de las disciplinas científicas en cuanto tales. Ejemplos:

   Soy licenciado en Biología.

   Ha estudiado Filosofía.

   La Psicología ha vivido un resurgimiento en los últimos tiempos.

   Pero escribiremos con minúscula:

   Me gustan las matemáticas de este curso.

   Llaman filosofía de la vida a lo que es pura vulgaridad.

   La psicología de los niños es complicada.

i) El primero de los nombres latinos que designan especies de animales y plantas. Ejemplos: *Pimpinella anisum, Felis leo.* (Además, al imprimirlos, se hará en cursiva).

j) Los nombres, latinos o no, de los grupos taxonómicos zoológicos y botánicos superiores al género. Ejemplos: *orden Roedores, familia Leguminosas.* Se escribirán con minúscula, en cambio, cuando sean adjetivos (por ejemplo: *animal roedor*) o sustantivos que no signifiquen orden (por ejemplo: *una buena cosecha de leguminosas*)[28].

3.3.4. Suelen escribirse con mayúscula los nombres de determinadas entidades cuando se consideran conceptos absolutos. Ejemplos: *la Libertad, la Ley, la Paz, la Justicia.*

Pero:

La libertad de expresión.

La ley de la gravedad.

También se escriben con mayúscula inicial:

a) Los nombres de fechas o cómputos cronológicos, épocas, acontecimientos históricos, movimientos religiosos, políticos o culturales. Ejemplos: *la Antigüedad, la Hégira, la Escolástica, el Renacimiento.*

b) Los pronombres *Tú, Ti, Tuyo, Vos, Él, Ella,* en las alusiones a la Divinidad o a la Virgen María.

c) Conceptos religiosos como *el Paraíso, el Infierno,* etc., siempre que se designen directamente tales conceptos, y no en casos como *Su casa era un paraíso* o *El infierno en que vivía.*

---

[28] Antiguamente, se escribía con mayúscula la primera palabra de cada verso. Por esta costumbre, las letras mayúsculas reciben también el nombre de *versales.*

3.4. Minúscula inicial

Se recomienda, en cambio, escribir con minúscula inicial los nombres de los días de la semana, de los meses y de las estaciones del año. Ejemplos:

El lunes es su día de descanso.

La primavera empieza el 21 de marzo.

3.5. Empleos expresivos

En ocasiones, el uso de la mayúscula se debe a propósitos expresivos, como sucede en los casos siguientes:

a) En los títulos, cargos y nombres de dignidad, como *Rey, Papa, Duque, Presidente, Ministro,* etc.

Estas palabras se escribirán siempre con minúscula cuando acompañen al nombre propio de la persona o del lugar al que corresponden (ejemplos: *el rey Felipe IV, el papa Juan Pablo II, el presidente del Ecuador, el ministro de Trabajo*) o estén usados en sentido genérico (por ejemplo: *El papa, el rey y el duque están sujetos a morir, como lo está cualquier otro hombre*).

Sin embargo, pueden escribirse con mayúscula cuando no aparece expreso el nombre propio de la persona o del lugar y, por el contexto, los consideramos referidos a alguien a quien pretendemos destacar. Ejemplos:

El Rey inaugurará la nueva biblioteca.
El Papa visitará tres países en su próximo viaje.

También es costumbre particular de las leyes, decretos y documentos oficiales escribir con mayúscula las palabras de este tipo. Ejemplos: *el Rey de España, el Presidente del Gobierno, el Secretario de Estado de Comercio.*

b) En algunas palabras de escritos publicitarios, propagandísticos o de textos afines. Este uso, destinado a destacar arbitrariamente determinadas palabras, es idéntico al recurso opuesto, consistente en emplear las minúsculas en lugares donde la norma exige el uso de mayúsculas.

En ningún caso deben extenderse estos empleos de intención expresiva de mayúsculas o minúsculas a otros tipos de escritos.

CAPÍTULO IV

ACENTUACIÓN

El acento prosódico es la mayor intensidad con la que se pronuncia una sílaba dentro de una palabra aislada o un monosílabo dentro de su contexto fónico. Por ello se le llama también acento de intensidad. Se suele producir, además, una elevación del tono de voz o una mayor duración en la emisión de esa sílaba.

Dentro de una palabra, la sílaba sobre la que recae el acento prosódico o de intensidad es la sílaba tónica; la sílaba o sílabas pronunciadas con menor intensidad son las sílabas átonas.

El acento prosódico puede tener valor distintivo según la sílaba sobre la que recae. Por ejemplo: *hábito* / *habito* / *habitó*.

Para señalar la sílaba tónica de una palabra, el español emplea en ciertos casos el acento gráfico, llamado también tilde (´), signo colocado sobre la vocal de la sílaba tónica de la palabra según reglas bien establecidas.

4.1. Reglas generales de acentuación

Según el lugar que ocupe la sílaba tónica, se pueden distinguir cuatro clases de palabras:

a) Palabras agudas son las polisílabas cuya última sílaba es tónica. Ejemplos: *reloj*, *balón*, *cantáis*, *catedral*, *París*.

b) Palabras llanas o graves son aquellas cuya penúltima sílaba es tónica. Ejemplos: *césped, cabello, estepa, sortijas, inútil*.

c) Palabras esdrújulas son aquellas cuya antepenúltima sílaba es tónica. Ejemplos: *sábado, helicóptero, cuídate, rápido, esdrújula*.

d) Palabras sobresdrújulas [29] son aquellas en las que es tónica alguna de las sílabas anteriores a la antepenúltima. Ejemplos: *dígamelo, cómetelo, llévesemela*.

Para colocar correctamente el acento gráfico en las palabras es necesario seguir las siguientes reglas generales de acentuación:

4.1.1. Las palabras agudas llevan tilde en la sílaba tónica cuando terminan en vocal, -*n* o -*s* . Ejemplos: *consomé, está, alhelí, además*.

Sin embargo, cuando la palabra aguda termina en -*s* precedida por otra consonante, no lleva acento gráfico. Ejemplos: *robots, tictacs*.

Las palabras agudas terminadas en *y* no llevan tilde. Ejemplos: *virrey, paipay, convoy*.

4.1.2. Las palabras llanas llevan acento gráfico en la sílaba tónica cuando terminan en consonante que no sea -*n* o -*s*. Ejemplos: *ágil, árbol, álbum, Héctor*.

No obstante, cuando la palabra llana termina en -*s* precedida de consonante, sí lleva tilde. Ejemplos: *bíceps, fórceps, cómics*.

Las palabras llanas terminadas en *y* deben llevar tilde. Ejemplos: *póney, yóquey*.

---

[29] Las palabras agudas, llanas o graves, esdrújulas y sobresdrújulas son llamadas también, entre fonetistas, oxítonas, paroxítonas, proparoxítonas y superproparoxítonas, respectivamente.

4.1.3. Las palabras esdrújulas y sobresdrújulas siempre llevan tilde en la sílaba tónica. Ejemplos: *indígena, teléfono, súbito, gánatela.*

4.2. Diptongos

Un diptongo es el conjunto de dos vocales que se pronuncian en
una misma sílaba. A efectos ortográficos, para que haya diptongo
debe darse una de estas dos situaciones:

a) Que se sucedan una vocal abierta *(a, e, o)* y una cerrada *(i, u),*
o viceversa, siempre que la cerrada no sea tónica. En consecuencia, son diptongos las siguientes combinaciones: *ai, au, ei,
eu, oi, ou, ia, ie, io, ua, ue, uo.* Ejemplos: *aire, causa, peine, Ceu-
ta, oiga, bou, viaje, ciego, quiosco, suave, fuerte, cuota.*

b) Que se combinen dos vocales cerradas *(i, u)* distintas: *ui, iu.*
Ejemplos: *ruido, diurético,* etc.

Algunas de estas combinaciones vocálicas pueden articularse
como hiatos (es decir, en dos sílabas), dependiendo de distintos
factores: su lugar en la secuencia hablada, el mayor o menor esme-
ro en la pronunciación, el origen geográfico o social de los hablantes, etc. Este es el caso, por ejemplo, de *fluir* (pronunciado *fluir,* con
diptongo, o *flu - ir,* con hiato), de *incluido* (pronunciado *in - clui - do*
o *in - clu - i - do*), de *cruel* (pronunciado *cruel* o *cru - el*), de *des-
viado* (que se pronuncia *des - via - do* o *des - vi - a - do*), etc.

Sin embargo, a efectos de la acentuación gráfica, se considerará
siempre que se trata de diptongos.

La *h* intercalada entre dos vocales no impide que estas formen
diptongo. Ejemplos: *ahu - mar, ahi - ja - do.*

4.2.1. *Acentuación gráfica de los diptongos*

Las palabras con diptongo llevan tilde cuando lo exigen las reglas
generales de la acentuación de las palabras agudas, llanas y esdrú-

julas. Ejemplos: *bonsái, recién, amáis,* palabras agudas las tres, llevan acento gráfico por terminar en vocal, en -*n* y en -*s,* respectivamente; *hidromiel, adecuar* o *carey* no lo llevan, por terminar en -*l,* -*r* e -*y*; *jesuita, vienen, puertas* son palabras llanas que no llevan tilde, por acabar en vocal, -*n* y -*s*; *huésped,* llana terminada en -*d,* sí la lleva; *murciélago, cuáquero, jesuítico* son palabras esdrújulas, y por eso llevan tilde.

4.2.2. *Colocación de la tilde en los diptongos*

a) En los diptongos formados por una vocal abierta tónica (*a, e, o*) y una cerrada átona (*i, u*) o viceversa, la tilde se coloca siempre sobre la vocal abierta. Ejemplos: *adiós, después, marramáu, cambié, náutico, murciélago, Cáucaso.*

b) En los diptongos formados por vocales cerradas, la tilde se coloca sobre la segunda vocal. Ejemplos: *lingüístico, cuídate, benjuí, interviú.*

4.3. Triptongos

Un triptongo es el conjunto de tres vocales que se pronuncian en una misma sílaba. Los triptongos están formados por una vocal abierta (*a, e, o*) que ocupa la posición intermedia entre dos vocales cerradas (*i, u*), ninguna de las cuales puede ser tónica. Ejemplos: *amortiguáis, buey, despreciéis, miau.*

4.3.1. *Acentuación gráfica de los triptongos*

Las palabras con triptongo se acentúan gráficamente siguiendo las reglas generales de las palabras agudas, llanas y esdrújulas. Ejemplos: *limpiáis, averigüéis,* frente a *Paraguay, cacahuey.*

4.3.2. Colocación de la tilde en los triptongos

Los triptongos llevan siempre la tilde sobre la vocal abierta. Ejemplos: *apacigüéis, estudiáis, amortiguáis, despreciéis*.

4.4. Hiatos

Un hiato es la secuencia de dos vocales que no se pronuncian dentro de una misma sílaba, sino que forman parte de sílabas consecutivas. Ejemplos: *te - a - tro, a - é - re -o, vi - gí - a, ve - o, sa - lí - as*.

A efectos ortográficos, existen tres clases de hiatos, según el tipo de vocales que están en contacto:

a) Combinación de dos vocales iguales. Ejemplos: *Saavedra, dehesa, chiita, Campoo, duunviro*.

b) Vocal abierta + vocal abierta distintas. Ejemplos: *caen, ahogo, teatro, meollo, héroe, coartada*.

Aunque desde el punto de vista fonético el conjunto de dos vocales iguales o de dos vocales abiertas distintas se puede pronunciar como un diptongo más o menos consolidado, en lo que respecta a las reglas de acentuación gráfica siempre se trata de un hiato.

c) Vocal abierta átona + vocal cerrada tónica o viceversa. Ejemplos: *caímos, día, aúllan, púa, reís, líe, reúnen*[30].

4.4.1. Acentuación gráfica de los hiatos formados por dos vocales iguales o por vocal abierta + vocal abierta

Las palabras que contienen este tipo de hiatos siguen las reglas generales de la acentuación gráfica de palabras agudas, llanas y esdrújulas, tanto si alguna de las vocales es tónica como si ambas

---

[30] Son también hiatos de este tipo los que afectan a las sucesiones de tres o cuatro vocales, siempre que sea tónica una cerrada. Ejemplos: *sa - lí - ais, ca - í - ais*, etc.

son átonas. Ejemplos en los que una de las dos vocales es tónica: *caótico, bacalao, aldea, Jaén, toalla, león, poeta, zoólogo, poseer.* Ejemplos en los que las dos vocales son átonas: *acreedor, traerán, coordinar, línea, acarreador, arbóreo.*

4.4.2. Acentuación gráfica de los hiatos formados por vocal abierta átona + vocal cerrada tónica o por vocal cerrada tónica + vocal abierta átona

Todas las palabras con este tipo de hiatos llevan tilde, independientemente de que lo exijan o no las reglas generales de la acentuación ortográfica. Ejemplos: *país, caía, raíz, Caín, reír, increíble, reía, oír, heroína, baúl, ataúd, desvarío, día, píe, sonríe, mío, río, insinúan, dúo, acentúo, elegíaco.*

La *h* intercalada entre dos vocales no implica que estas formen un hiato (véase 4.2). Tampoco impide que el hiato con *h* intercalada lleve tilde si es preciso. Ejemplos: *vahído, ahínco, búho, rehúso, prohíben, ahúman, vehículo, turbohélice.*

4.5. Acentuación gráfica de los monosílabos

Los monosílabos, es decir, las palabras que tienen una sílaba, por regla general no llevan tilde. Ejemplo: *fe, pie, sol, can, gran, vil, gris, da, ves, fui, ruin, bien, mal, no, un.*

A efectos ortográficos, son monosílabos las palabras en las que, por aplicación de las reglas expuestas en los párrafos anteriores, se considera que no existe hiato —aunque la pronunciación así parezca indicarlo—, sino diptongo o triptongo. Ejemplos: *fie* (pretérito perfecto simple del verbo *fiar*), *hui* (pretérito perfecto simple del verbo *huir*), *riais* (presente de subjuntivo del verbo *reír*), *guion, Sion,* etc. En este caso es admisible el acento gráfico, impuesto por las reglas de ortografía anteriores a estas, si quien escribe percibe nítidamente el hiato y, en consecuencia, considera bisílabas palabras como las mencionadas: *fié, huí, riáis, guión, Sión,* etc.

Constituyen una excepción a esta regla general los monosílabos que tienen tilde diacrítica.

4.6. Tilde diacrítica

La tilde diacrítica es aquella que permite distinguir, por lo general, palabras pertenecientes a diferentes categorías gramaticales, que tienen, sin embargo, idéntica forma.

Por la tilde diacrítica se distinguen las palabras que se detallan a continuación.

4.6.1. *Tilde diacrítica en monosílabos*

Se distinguen por la tilde diacrítica las siguientes parejas de palabras monosílabas.

a) *el / él*

   el: artículo masculino. Por ejemplo: *El conductor paró de un frenazo el autobús.*

   él: pronombre personal. Por ejemplo: *Me lo dijo él.*

b) *tu / tú*

   tu: posesivo. Por ejemplo: *¿Dónde has puesto tu abrigo?*

   tú: pronombre personal. Por ejemplo: *Tú siempre dices la verdad.*

c) *mi / mí*

   mi: posesivo. Por ejemplo: *Te invito a cenar en mi casa.*

   —: sustantivo, con el significado de 'nota musical'. Por ejemplo: *El mi ha sonado desafinado.*

   mí: pronombre personal. Por ejemplo: *¿Tienes algo para mí?*

d) *te / té*

te: pronombre personal. Por ejemplo: *Te he comprado un par de zapatos.*

té: sustantivo, con el significado de 'bebida', 'planta' u 'hoja'. Por ejemplo: *Toma una taza de té.*

e) *mas / más*

mas: conjunción adversativa. Por ejemplo: *Quiso convencerlo, mas fue imposible.*

más: adverbio. Ejemplos:

Habla más alto.

Dos más dos son cuatro.

f) *si / sí*

si: conjunción. Ejemplos:

Si llueve, no saldremos.

Todavía no sé si iré.

¡Cómo no voy a conocerlo, si lo veo todos los días!

—: sustantivo, con el significado de 'nota musical'. Por ejemplo: *Una composición en si bemol.*

sí: adverbio de afirmación. Por ejemplo: *Esta vez sí la habían invitado.*

—: pronombre personal. Por ejemplo: *Solo habla de sí mismo.*

g) *de / dé*

de: preposición. Por ejemplo: *Un vestido de seda.*

dé: forma del verbo *dar.* Ejemplos:

Espero que lo recaudado dé para hacerle un buen regalo.

Dé usted las gracias a su hermana.

h) *se / sé*

se: pronombre personal. Por ejemplo: *Se comió todo el pastel.*

sé: forma del verbo *saber* o del verbo *ser.* Ejemplos:

Yo no sé nada.

Sé benevolente con ellos, por favor.

i) *o / ó*

La conjunción disyuntiva *o* no lleva normalmente tilde. Solo cuando aparece escrita entre dos cifras llevará acento gráfico, para evitar que se confunda con el cero. Así, *3 ó 4* no podrá tomarse por el número *304*.

4.6.2. *Tilde diacrítica en los demostrativos*

Los demostrativos *este, ese, aquel,* con sus femeninos y plurales, pueden llevar tilde cuando funcionan como pronombres. Ejemplos:

Ésos son tus regalos, no éstos.

Aquéllas ganaron el campeonato.

Mi casa es ésta.

No llevarán tilde si determinan a un nombre. Ejemplos:

Las preguntas de aquel examen me parecieron muy interesantes.

El niño este no ha dejado de molestar en toda la tarde.

Solamente cuando se utilicen como pronombres y exista riesgo de ambigüedad se acentuarán obligatoriamente para evitarla. Existiría este riesgo en la siguiente oración:

Dijo que ésta mañana vendrá.

Dijo que esta mañana vendrá.

Con tilde, *ésta* es el sujeto de la proposición subordinada; sin tilde, *esta* determina al nombre *mañana*.

Las formas neutras de los pronombres demostrativos, es decir, *esto, eso* y *aquello,* se escribirán siempre sin tilde. Ejemplos:

Esto no me gusta nada.

Nada de aquello era verdad.

4.6.3. Tilde diacrítica en los interrogativos y exclamativos

Cuando reside en ellas el sentido interrogativo o exclamativo, las palabras *adónde, cómo, cuál, cuán, cuándo, cuánto, dónde, qué* y *quién* son tónicas y llevan tilde. Así sucede frecuentemente en oraciones interrogativas y exclamativas. Ejemplos:

> *¿Qué quieres?*
>
> *¿Cuál es el motivo?*
>
> *¿Quiénes son estos señores?*
>
> *¿Cuándo llega el avión?*
>
> *¡Qué buena idea has tenido!*
>
> *¡Cuántos problemas por resolver!*
>
> *¡Cómo llovía ayer!*

También se escriben con tilde cuando introducen oraciones interrogativas o exclamativas indirectas. Ejemplos:

> *Cuando llegó, le preguntaron qué estaba haciendo allí.*
>
> *Le explicó cuáles eran esos inconvenientes que habían surgido.*
>
> *¿Que no sabes dónde desemboca este río?*
>
> *Comentó cuánto mejor sería resolver el problema cuanto antes.*
>
> *Todos somos conscientes de qué duras circunstancias ha tenido que superar.*

4.6.4. Otros casos de tilde diacrítica

a) *sólo / solo*

La palabra *solo* puede funcionar como adjetivo o como adverbio. Ejemplos:

A Tomás le gusta estar solo.

Solo tomaremos fruta.

Cuando quien escribe perciba riesgo de ambigüedad, llevará acento ortográfico en su uso adverbial. Ejemplos:

Pasaré solo este verano aquí ('en soledad, sin compañía').

Pasaré sólo este verano aquí ('solamente, únicamente').

b) *aun / aún*

La palabra *aún* llevará tilde cuando se utiliza con el significado de 'todavía'. Ejemplos:

Aún es joven.

No ha llegado aún.

En cambio, cuando equivale a *hasta, también, incluso* (o *siquiera,* con negación), se escribirá sin tilde. Ejemplos:

Aun los sordos habrán de oírme.

Todos los socios, aun los más conservadores, votaron a favor.

Ni aun él lo sabía.

Cuando *aun* forma parte de la locución conjuntiva *aun cuando,* se escribe sin tilde. Por ejemplo:

Aun cuando lo pidiera, no le harían caso.

4.7. Acentuación de palabras compuestas

A efectos de acentuación gráfica, las palabras compuestas se comportan como una sola palabra, y por tanto siguen las normas generales y particulares ya definidas, con independencia de cómo se acentúen sus formantes por separado. Ejemplos:

busca + *pies* → *buscapiés* (palabra aguda terminada en -s)

así + *mismo* → *asimismo* (palabra llana terminada en vocal)

décimo + *séptimo* → *decimoséptimo* (palabra esdrújula)

Otros ejemplos: *traspiés, veintidós, rioplatense, baloncesto, tiovivo, portalámparas...*

4.7.1. Acentuación de adverbios en -mente

Los adverbios terminados en -*mente* constituyen una excepción a la regla general de acentuación de palabras compuestas, ya que, en realidad, tienen dos acentos fónicos: uno en el adjetivo y otro en el elemento compositivo -*mente*. Por ello, el adverbio conserva la tilde en el lugar en el que la llevaba el adjetivo. Ejemplos: *cortésmente, fácilmente, tímidamente, plácidamente;* pero *buenamente, decorosamente, fielmente, soberanamente.*

4.7.2. Palabras compuestas con guion

En los compuestos de dos o más adjetivos unidos con guion, cada elemento conservará la acentuación fonética y ortográfica que le corresponde. Ejemplos: *hispano-belga, franco-alemán, histórico--crítico-bibliográfico* [31].

4.7.3. Acentuación de formas verbales con pronombres enclíticos

Las formas verbales con pronombres enclíticos llevan tilde o no de acuerdo con las normas generales de acentuación. Ejemplos: *cayose, pidiole, estate* (casos todos de palabras llanas terminadas en vocal); *mírame, dámelo, antójasele, habiéndosenos* (casos de palabras esdrújulas y sobresdrújulas). Las palabras de este tipo que ya

---

[31] Sobre el guion en las palabras compuestas, véase 5.11.2a.

no funcionan como verbos, así como las compuestas por verbo más pronombre enclítico más complemento, siguen también, en cuanto al uso de la tilde, las normas generales. Ejemplos: *acabose, sabelotodo, metomentodo.*

4.8. Acentuación de voces y expresiones latinas

Las voces y expresiones latinas usadas en nuestra lengua se acentuarán gráficamente de acuerdo con las reglas generales del español. Ejemplos: *tránseat, ítem, accésit, memorándum, exequátur, alma máter.*

4.9. Acentuación de palabras de otras lenguas

En las palabras de otras lenguas que, por su falta de adaptación a la nuestra, escribimos con letra cursiva o entre comillas (véase 2.12), así como en los nombres propios originales de tales lenguas, no se utilizará ningún acento que no exista en el idioma a que pertenecen. Ejemplos: *catering, Aribau, Windsor.*

Si se trata de voces ya incorporadas a nuestra lengua o adaptadas completamente a su pronunciación y escritura, habrán de llevar tilde cuando lo exija la acentuación del español. Ejemplos: *búnker, París, Támesis.*

4.10. Acentuación de letras mayúsculas

Las mayúsculas llevan tilde si les corresponde según las reglas dadas. Ejemplos: *África, PERÚ, Órgiva, BOGOTÁ.* La Academia nunca ha establecido una norma en sentido contrario.

CAPÍTULO V
PUNTUACIÓN

La puntuación de los textos escritos, con la que se pretende reproducir la entonación de la lengua oral, constituye un capítulo importante dentro de la ortografía de cualquier idioma. De ella depende en gran parte la correcta expresión y comprensión de los mensajes escritos. La puntuación organiza el discurso y sus diferentes elementos y permite evitar la ambigüedad en textos que, sin su empleo, podrían tener interpretaciones diferentes.

El español cuenta con los siguientes signos de puntuación:

punto .	signos de exclamación ¡!
coma ,	paréntesis ( )
punto y coma ;	corchetes [ ]
dos puntos :	raya —
puntos suspensivos ...	comillas «»; " "; ' '[32]
signos de interrogación ¿?	

El punto, la coma, el punto y coma, los dos puntos y los puntos suspensivos se escriben siempre sin dejar un espacio de separación con respecto a la palabra o el signo que precede, y separados por un espacio de la palabra o el signo que sigue, a no ser que este sea de cierre.

Los signos dobles, como los de interrogación y exclamación, los paréntesis, los corchetes, las comillas y las rayas que encierran acla-

---

[32] Existen otros signos ortográficos, que se verán en el apartado 5.11.

raciones e incisos, todos ellos compuestos por un signo de apertura y uno de cierre, se escriben de la manera siguiente:

a) Los de apertura se separan por medio de un espacio de la palabra o signo al que siguen, y se escriben sin espacio de separación con respecto a la palabra a la que anteceden[33].

b) Por el contrario, los signos de cierre se escriben sin espacio de separación con respecto a la palabra o signo al que siguen, separados por un espacio de la palabra a la que preceden y sin este espacio si lo que sigue es un signo de puntuación.

Ejemplos:

¿Se trató el asunto en la reunión?; ¿concretaron algo?

Ya conoces su refrán preferido: «Agua que no has de beber...».

La boda se celebrará en la parroquia de la Asunción (plaza de la Prosperidad, n.º 3), a la una de la tarde.

Cuando decidimos trasladarnos a Buenos Aires —una decisión muy meditada—, el negocio iba viento en popa.

5.1. Uso del punto

El punto (.) señala la pausa que se da al final de un enunciado. Después de punto —salvo en el caso del utilizado en las abreviaturas— siempre se escribe mayúscula[34].

Hay tres clases de punto: el punto y seguido, el punto y aparte y el punto final.

a) El punto y seguido separa enunciados que integran un párrafo. Después de un punto y seguido se continúa escribiendo

---

[33] Véase, sin embargo, 5.7.3 y 5.7.4. La raya que introduce la intervención de un personaje en un diálogo se escribe también sin espacio de separación de la palabra que sigue.

[34] Véase 3.3.1a.

en la misma línea. Si el punto está al fin de renglón, se empieza en el siguiente sin dejar margen. Por ejemplo:

Salieron a dar un breve paseo. La mañana era espléndida.

b) El punto y aparte separa dos párrafos distintos, que suelen desarrollar, dentro de la unidad del texto, contenidos diferentes. Después de punto y aparte se escribe en una línea distinta. La primera línea del nuevo párrafo debe tener un margen mayor que el resto de las líneas que lo componen, es decir, ha de quedar sangrada. Por ejemplo:

El mar estaba embravecido aquel día. Los barcos bailaban sobre el agua sorteando las olas con dificultad.

Miguel, sentado en el muelle, esperaba el regreso de su padre. Atisbaba el horizonte buscando ansioso su barco con la mirada.

c) El punto final es el que cierra un texto.

5.1.1. *Otro uso del punto*

El punto se utiliza también después de las abreviaturas. Ejemplos: *Sra., Excmo., cf.*[35]

5.1.2. *Combinación del punto con otros signos*

A menudo es necesario combinar el punto con otros signos que también cierran períodos, como son los paréntesis o las comillas. En estos casos, se coloca el punto siempre detrás de las comillas, corchetes o paréntesis de cierre. Por ejemplo:

Sus palabras fueron estas: «No quiero volver a verte». Después cerró de golpe la puerta de su casa. (Creo que estaba muy enojada).

---

[35] Véase el apartado 6.1.2 para los casos de abreviaturas y símbolos que no llevan punto.

Sobre la colocación del punto en comentarios y aclaraciones señaladas con raya, véase 5.9.3.

5.1.3. Uso incorrecto del punto

Los títulos y los subtítulos de libros, artículos, capítulos, obras de arte, etc., cuando aparecen aislados, no llevan punto final. Ejemplos:

El llano en llamas
La Venus del espejo

5.2. Uso de la coma

La coma (,) indica una pausa breve que se produce dentro del enunciado.

5.2.1. Se emplea para separar los miembros de una enumeración, salvo los que vengan precedidos por alguna de las conjunciones *y, e, o, u.* Ejemplos:

Es un chico muy reservado, estudioso y de buena familia.

Acudió toda la familia: abuelos, padres, hijos, cuñados, etc.

¿Quieres café, té o un refresco?

Cuando los elementos de la enumeración constituyen el sujeto de la oración o un complemento verbal y van antepuestos al verbo, no se pone coma detrás del último. Ejemplos:

El perro, el gato y el ratón son animales mamíferos.

De gatos, de ratones y de perros no quiere ni oír hablar.

5.2.2. Se usa coma para separar miembros gramaticalmente equivalentes dentro de un mismo enunciado, a excepción de los

casos en los que medie alguna de las conjunciones *y, e, ni, o, u*.
Ejemplos:

Estaba preocupado por su familia, por su trabajo, por su salud.

*Antes de irte, corre las cortinas, cierra las ventanas, apaga las luces
y echa la llave.*

Sin embargo, se coloca una coma delante de la conjunción cuando la secuencia que encabeza expresa un contenido (consecutivo, de tiempo, etc.) distinto al elemento o elementos anteriores. Por ejemplo:

*Pintaron las paredes de la habitación, cambiaron la disposición de
los muebles, y quedaron encantados.*

También cuando esa conjunción está destinada a enlazar con toda la proposición anterior, y no con el último de sus miembros. Por ejemplo:

Pagó el traje, el bolso y los zapatos, y salió de la tienda.

Siempre será recomendable su empleo, por último, cuando el período sea especialmente largo. Por ejemplo:

*Los instrumentos de precisión comenzaron a perder su exactitud a
causa de la tormenta, y resultaron inútiles al poco tiempo.*

5.2.3. En una relación cuyos elementos están separados por punto y coma, el último elemento, ante el que aparece la conjunción copulativa, va precedido de coma o punto y coma. Ejemplos:

*En el armario colocó la vajilla; en el cajón, los cubiertos; en los
estantes, los vasos, y los alimentos, en la despensa.*

*Con gran aplomo, le dijo a su familia que llegaría a las tres; a sus ami-
gos, que lo esperasen a las cinco; y consiguió ser puntual en los dos casos.*

5.2.4. Se escribe una coma para aislar el vocativo del resto de la oración. Ejemplos:

Julio, ven acá.

He dicho que me escuchéis, muchachos.

Cuando el vocativo va en medio del enunciado, se escribe entre dos comas. Por ejemplo:

Estoy alegre, Isabel, por el regalo.

5.2.5. Los incisos que interrumpen una oración, ya sea para aclarar o ampliar lo dicho, ya sea para mencionar al autor u obra citados, se escriben entre comas[36]. Son incisos casos como los siguientes:

a) Aposiciones explicativas. Por ejemplo:

En ese momento Adrián, el marido de mi hermana, dijo que nos ayudaría.

b) Las proposiciones adjetivas explicativas. Por ejemplo:

Los vientos del Sur, que en aquellas abrasadas regiones son muy frecuentes, incomodan a los viajeros.

c) Cualquier comentario, explicación o precisión a algo dicho. Ejemplos:

Toda mi familia, incluido mi hermano, estaba de acuerdo.

Ella es, entre mis amigas, la más querida.

Nos proporcionó, después de tantos disgustos, una gran alegría.

d) La mención de un autor u obra citados. Por ejemplo:

La verdad, escribe un político, se ha de sustentar con razones y autoridades.

5.2.6. Cuando se invierte el orden regular de las partes de un enunciado, anteponiendo elementos que suelen ir pospuestos, se tiende a colocar una coma después del bloque anticipado. No es fácil establecer con exactitud los casos en que esta anteposi-

---

[36] Véanse también 5.7.1, 5.7.2, 5.8.1 y 5.9.1.

ción exige el uso de la coma. Pero frecuentemente puede aplicarse esta norma práctica:

a) Si el elemento antepuesto admite una paráfrasis con «en cuanto a», es preferible usar coma. Por ejemplo:

> *Dinero, ya no le queda.* (Es posible decir *En cuanto al dinero, ya no le queda*).

b) Si, por el contrario, admite una paráfrasis con «es lo que» o «es el que», no se empleará coma. Por ejemplo:

> *Vergüenza debería darte.* (Equivalente a *Vergüenza es lo que debería darte*).

5.2.7. También suele anteponerse una coma a una conjunción o locución conjuntiva que une las proposiciones de una oración compuesta, en los casos siguientes:

a) En las proposiciones coordinadas adversativas introducidas por conjunciones como *pero, mas, aunque, sino*. Ejemplos:

> *Puedes llevarte mi cámara de fotos, pero ten mucho cuidado.*

> *Cogieron muchas cerezas, aunque todas picadas por los pájaros.*

b) Delante de las proposiciones consecutivas introducidas por *conque, así que, de manera que...* Ejemplos:

> *Prometiste acompañarle, conque ya puedes ir poniéndote el abrigo.*

> *El sol me está dando en la cara, así que tendré que cambiarme de asiento.*

c) Delante de proposiciones causales lógicas y explicativas. Ejemplos:

> *Es noble, porque tiene un palacio.*

> *Están en casa, pues tienen la luz encendida.*

5.2.8. Los enlaces como *esto es, es decir, o sea, en fin, por último, por consiguiente, sin embargo, no obstante, además, en tal caso, por lo tanto, en cambio, en primer lugar,* y también, a veces, determinados adverbios o locuciones que desempeñan la función de modificadores oracionales, como *generalmente, posiblemente, efectivamente, finalmente, en definitiva, por regla general, quizás,* colocados al principio de una oración, se separan del resto mediante una coma. Ejemplos:

Por consiguiente, no vamos a tomar ninguna resolución precipitada.

No obstante, es necesario reformar el estatuto.

Efectivamente, tienes razón.

Cuando estas expresiones van en medio de la oración, se escriben entre comas. Ejemplos:

Estas dos palabras son sinónimas, es decir, significan lo mismo.

Tales incidentes, sin embargo, no se repitieron.

Este tipo de accidentes están causados, generalmente, por errores humanos.

Si los bloques relacionados mediante estos enlaces forman parte de la misma oración compuesta escrita entre puntos, se suelen separar con punto y coma colocado delante del enlace, al que seguirá una coma. Véase el apartado 5.4.3.

5.2.9. En los casos en que se omite un verbo, porque ha sido anteriormente mencionado o porque se sobrentiende, se escribe en su lugar una coma. Ejemplos:

El árbol perdió sus hojas; el viejo, su sonrisa.

Los niños, por aquella puerta.

En matemáticas, un genio; para la música, bastante mediocre.

5.2.10. En las cabeceras de las cartas, se escribe coma entre el lugar y la fecha. Por ejemplo:

Santiago, 8 de enero de 1999.

5.2.11. Se escribe coma para separar los términos invertidos del nombre completo de una persona o los de un sintagma que integran una lista (bibliografía, índice...). Ejemplos:

BELLO, Andrés: *Gramática de la lengua castellana destinada al uso de los americanos.*

CUERVO, Rufino José: *Diccionario de construcción y régimen de la lengua castellana.*

— *construcción, materiales de*
— *papelería, artículos de*

5.2.12. *Uso incorrecto de la coma*

Debe evitarse separar el sujeto y el predicado mediante coma. Ejemplos de incorrección:

*Las estanterías del rincón, estaban perfectamente organizadas.

*Un desgraciado incidente, ocasionó la dimisión de la junta directiva.

Se exceptúan, como ya hemos visto (5.2.5), los casos en que media un inciso entre sujeto y predicado. Ejemplos:

La medicina preventiva, como ya ha quedado apuntado anteriormente, permitirá evitar la enfermedad en breve plazo.

La presencia de la protagonista de la película, que vestía un espectacular traje de noche, produjo muy diferentes comentarios.

5.3. Uso de los dos puntos

Los dos puntos (:) detienen el discurso para llamar la atención sobre lo que sigue.

Se usan los dos puntos en los casos siguientes:

5.3.1. Después de anunciar una enumeración. Ejemplos:

Van a subastar tres manuscritos: uno de Borges, otro de Alfonso Reyes y un tercero de Antonio Machado.

Tres son las provincias aragonesas: Huesca, Zaragoza y Teruel.

También para cerrar una enumeración, antes del anafórico que los sustituye, se utilizan los dos puntos. Ejemplos:

Natural, sana y equilibrada: así debe ser una buena alimentación.

Terremotos, inundaciones y erupciones volcánicas: esas son las principales catástrofes naturales.

5.3.2. Los dos puntos preceden a las citas textuales. En este caso, después de los dos puntos se suele escribir la primera palabra con inicial mayúscula. Ejemplos:

Las palabras del médico fueron: «Reposo y una alimentación equilibrada».

Ya lo dijo Descartes: «Pienso, luego existo».

5.3.3. Se emplea este signo de puntuación tras las fórmulas de saludo en las cartas y documentos. También en este caso la palabra que sigue a los dos puntos se escribe con mayúscula y, generalmente, en un renglón aparte. Ejemplos:

Querido amigo:
  Te escribo esta carta para comunicarte...

Muy señor mío:
  Le agradeceré se sirva tomar a su cargo...

5.3.4. Se emplean los dos puntos para conectar oraciones o proposiciones relacionadas entre sí sin necesidad de utilizar otro nexo. Son varias las relaciones que se pueden expresar:

a) Relación causa-efecto. Ejemplos:

Se ha quedado sin trabajo: no podrá ir de vacaciones este verano.

No necesitaba correr: aún era pronto.

b) Conclusión o resumen de la proposición anterior. Por ejemplo:

Varios vecinos monopolizaron la reunión con problemas particulares: no llegaron a ponerse de acuerdo.

c) Verificación o explicación de la proposición anterior, que suele tener un sentido más general. Por ejemplo:

La paella es un plato de la cocina española muy completo desde el punto de vista nutritivo: cuenta con la fécula del arroz, las proteínas de sus carnes y pescados y la fibra de sus verduras.

5.3.5. Se utilizan los dos puntos para separar la ejemplificación del resto de la oración. Ejemplos:

De vez en cuando tiene algunos comportamientos inexplicables: hoy ha venido a la oficina con las zapatillas de andar por casa.

Puedes escribir un texto sobre algún animal curioso: el ornitorrinco, por ejemplo.

5.3.6. En textos jurídicos y administrativos —decretos, sentencias, bandos, edictos, certificados o instancias—, se colocan dos puntos después del verbo, escrito con todas sus letras mayúsculas (véase 3.2.5), que presenta el objetivo fundamental del documento. La primera palabra del texto que sigue a este verbo se escribe siempre con inicial mayúscula y el texto forma un párrafo diferente. Por ejemplo:

CERTIFICA:

Que D. José Álvarez García ha seguido el Curso de Técnicas Audiovisuales celebrado en la Escuela de Cine durante los meses de abril y mayo del presente año.

5.4. Uso del punto y coma

El punto y coma (;) indica una pausa superior a la marcada por la coma e inferior a la señalada por el punto.

Se utiliza en estos casos:

5.4.1. Para separar los elementos de una enumeración cuando se trata de expresiones complejas que incluyen comas. Ejemplos:

La chaqueta es azul; los pantalones, grises; la camisa, blanca; y el abrigo, negro.

Cada uno de los grupos de trabajo preparará un taller: el primer grupo, el taller de cerámica; el segundo, el taller de telares; el tercero, el taller de cestería.

5.4.2. Para separar proposiciones yuxtapuestas, especialmente cuando en estas se ha empleado la coma. Ejemplos:

Era necesario que el hospital permaneciese abierto toda la noche; hubo que establecer turnos.

La muchacha, gozosa, corría hacia su casa; sus padres acababan de llegar.

La situación económica de la empresa, agravada en los últimos tiempos, era preocupante; se imponía una acción rápida y contundente, si se deseaba salvar los puestos de trabajo.

A las cinco de la madrugada aún había luz en su habitación; seguramente, se había quedado dormido leyendo.

En muchos de estos casos, se podría optar por separar los períodos con punto y seguido. La elección del punto y seguido o del punto y coma depende de la vinculación semántica que exista entre las oraciones o proposiciones. Si el vínculo es débil, se prefiere usar un punto y seguido; mientras que, si es más sólido, es conveniente optar por el punto y coma.

También sería posible separar los mencionados períodos con dos puntos, puesto que casi siempre subyacen las mismas relaciones expresadas en el apartado 5.3.4.

5.4.3. Se suele colocar punto y coma, en vez de coma, delante de conjunciones o locuciones conjuntivas como *pero, mas* y *aunque,* así como *sin embargo, por tanto, por consiguiente, en fin,* etc., cuando los períodos tienen cierta longitud y encabezan la proposición a la que afectan. Ejemplos:

Su discurso estuvo muy bien construido y fundamentado sobre sólidos principios; pero no consiguió convencer a muchos de los participantes en el Congreso.

Los jugadores se entrenaron intensamente durante todo el mes; sin embargo, los resultados no fueron los que el entrenador esperaba.

Las últimas pruebas que han llegado de la imprenta parecen muy limpias; por tanto, creo que no tardaré mucho en revisarlas y devolverlas [37].

Si los bloques no son muy largos, se prefiere la coma (véase el apartado 5.2.7). Ejemplos:

Vendrá, pero tarde.

Lo hizo, aunque de mala gana.

Si los períodos tienen una longitud considerable, es mejor separarlos con punto y seguido. Por ejemplo:

Este verano, varios vecinos del inmueble tienen previsto poner en venta sus respectivas viviendas. Por consiguiente, son previsibles numerosas visitas de posibles compradores.

5.5. Uso de los puntos suspensivos

Los puntos suspensivos (...) suponen una interrupción de la oración o un final impreciso.

---

[37]   Sobre el uso de la coma después de algunas de estas locuciones conjuntivas, véase el apartado 5.2.8.

Después de los puntos suspensivos, cuando cierran un enunciado, se escribe mayúscula. Por ejemplo:

El caso es que si lloviese... Mejor no pensar cosa tan improbable.

Estamos ante un bosque mediterráneo de encinas, alcornoques, pinos... Bajo estos árboles es fácil encontrar níscalos en otoños lluviosos.

Cuando los puntos suspensivos no cierran un enunciado y este continúa tras ellos, se escribe minúscula. Por ejemplo:

Estoy pensando que... aceptaré; en esta ocasión debo arriesgarme.

Se usan los puntos suspensivos en los siguientes casos:

5.5.1. Al final de enumeraciones abiertas o incompletas, con el mismo valor que la palabra *etcétera.* Ejemplos:

Su tienda es como las de los pueblos, donde se vende de todo: comestibles, cacharros, ropas, juguetes...

Puedes hacer lo que te apetezca más: leer, ver la televisión, escuchar música...

5.5.2. Cuando se quiere expresar que antes de lo que va a seguir ha habido un momento de duda, temor o vacilación. Ejemplos:

Iré; no iré... Debo decidirme pronto.

Espero una llamada del hospital... Seguro que son buenas noticias.

No sé... Creo que... bueno, sí, me parece que voy a ir.

En ocasiones, la interrupción del enunciado sirve para sorprender al lector con lo inesperado de la salida. Por ejemplo:

Se convocó a una junta, se distribuyeron centenares de papeles anunciándola y, al final, nos reunimos... cuatro personas.

5.5.3. Para dejar un enunciado incompleto y en suspenso se utilizan los puntos suspensivos. Por ejemplo:

Fue todo muy violento, estuvo muy desagradable... No quiero seguir hablando de ello.

5.5.4. También se emplea este signo de puntuación cuando se reproduce una cita textual, sentencia o refrán, omitiendo una parte. Ejemplos:

En ese momento de indecisión, pensé: «Más vale pájaro en mano...» y acepté el dinero.

El escolar recitaba muy solemne: «Con diez cañones por banda...».

5.5.5. Se escriben tres puntos dentro de paréntesis (...) o corchetes [...] cuando al transcribir literalmente un texto se omite una parte de él. Por ejemplo:

Yo fui loco y ya soy cuerdo; fui don Quijote de la Mancha y soy agora [...] Alonso Quijano el Bueno.

(Cervantes: *Quijote*, II, LXXIV)

5.5.6. *Combinación de los puntos suspensivos con otros signos*

Tras los puntos suspensivos no se escribe nunca punto. Sin embargo, sí pueden colocarse otros signos de puntuación, como la coma, el punto y coma y los dos puntos. Ejemplos:

Cuando decidas los colores, las telas, el tipo de mobiliario..., ven a verme y haremos un presupuesto.

Pensándolo bien...: mejor que no se presente.

Ya habían llegado los libros, los ordenadores, el papel...; al día siguiente empezaría a trabajar.

Los signos de interrogación o exclamación se escriben delante o detrás de los puntos suspensivos, dependiendo de que el enunciado que encierran esté completo o incompleto. Ejemplos:

¿Me habrá traído los libros?... Seguro que sí.

¡Si te dije que...! Es inútil, nunca haces caso a nadie.

Tanto la coma, el punto y coma y los dos puntos como los signos de interrogación y exclamación se escribirán inmediatamente, sin un espacio que los separe de los puntos suspensivos, tal y como muestran los ejemplos anteriores[38].

5.6. Uso de los signos de interrogación y de exclamación

Los signos de interrogación (¿?) y exclamación (¡!) encierran enunciados que, respectivamente, interrogan o exclaman. Los primeros se utilizan para delimitar enunciados interrogativos directos; los segundos demarcan enunciados exclamativos, también en estilo directo, e interjecciones. Ejemplos:

¿Comisteis ayer en casa?

¿Dónde has comprado ese traje?

¡Eso es una injusticia!

¡Qué magnífica pintura!

¡Ay! ¡Eh! ¡Oh!

En la utilización de tales signos es preciso tener en cuenta estas consideraciones generales:

5.6.1. Los signos de interrogación y de exclamación son dos en cada caso: los signos que indican apertura (¿ ¡) y los signos que indican cierre (? !); se colocan al principio y al final del enunciado interrogativo y exclamativo respectivamente.

En nuestra lengua es obligatorio poner siempre el signo de apertura, que no deberá suprimirse a imitación de lo que ocurre en la

---

[38] Tales signos son los que imponen en estos casos el uso de la mayúscula o la minúscula en la palabra siguiente.

ortografía de otras lenguas, en las que solo se usa el signo final porque tienen otras marcas gramaticales que suplen el primero. No obstante, véase 5.6.5.

5.6.2. Después de los signos que indican cierre de interrogación o exclamación (? !) no se escribe nunca punto.

5.6.3. El signo de principio de interrogación (¿) o de exclamación (¡) se ha de colocar donde empieza la pregunta o la exclamación, aunque no comience con él el enunciado. Ejemplos:

Con respecto al impacto ambiental, ¿se ha previsto algún tipo de medidas para que su efecto sea el menor posible?

Si consigues la plaza, ¡qué alegría se va a llevar tu padre!

Obsérvese cómo los vocativos y las proposiciones subordinadas, cuando ocupan el primer lugar en el enunciado, se escriben fuera de la pregunta o de la exclamación. Sin embargo, si están colocados al final, se consideran dentro de ellas. Ejemplos:

Susana, ¿has decidido qué vas a hacer? / ¿Has decidido qué vas a hacer, Susana?

Pepe, ¡cuánto me alegro de que hayas venido! / ¡Cuánto me alegro de que hayas venido, Pepe!

Si no responde, ¿qué le vamos a decir? / ¿Qué le vamos a decir si no responde?

5.6.4. Cuando se escriben varias preguntas o exclamaciones seguidas y estas son breves, se puede optar por considerarlas oraciones independientes, con sus correspondientes signos de apertura y cierre, y con mayúscula al comienzo de cada una de ellas. Ejemplos:

¿Dónde estás? ¿A qué hora piensas volver?

¡Quedan cinco minutos! ¡Llegamos tarde! ¡Date prisa!

Pero también es posible considerar el conjunto de las preguntas o exclamaciones como un único enunciado. En este caso hay que separarlas por comas o por puntos y comas, y solo en la primera se escribirá la palabra inicial con mayúscula. Ejemplos:

¿Cómo te llamas?, ¿en qué trabajas?, ¿cuándo naciste?, ¿dónde?

¡Cómo ha nevado esta noche!; ¡qué blanco está todo!; ¡qué frío vamos a pasar hoy!

5.6.5. En ocasiones, se utilizan los signos de final de interrogación (?) o de exclamación (!) entre paréntesis.

a) El signo de final de interrogación entre paréntesis expresa duda o ironía. Ejemplos:

Andrés Sánchez López es el presidente (?) de la asociación.

Tendría mucha gracia (?) que llegara a la cita con un día de retraso.

b) El signo de final de exclamación entre paréntesis expresa sorpresa o ironía. Ejemplos:

Un joven de treinta y seis años (!) fue el ganador del concurso de composición.

Está más gordo que nunca, pero dice que solo pesa ochenta kilos (!) en la báscula de su casa.

5.7. Uso de los paréntesis

Los paréntesis ( ) son signos que encierran elementos incidentales o aclaratorios intercalados en un enunciado.

Los paréntesis se usan en los siguientes casos:

5.7.1. Cuando se interrumpe el sentido del discurso con un inciso aclaratorio o incidental, sobre todo si este es largo o de escasa relación con lo anterior o posterior. Ejemplos:

El abuelo de Alberto (en su juventud fue un brillante cirujano) parecía una estatua sentado en aquel sillón.

Las asambleas (la última duró casi cuatro horas sin ningún descanso) se celebran en el salón de actos [39].

5.7.2. Para intercalar algún dato o precisión: fechas, lugares, significado de siglas, el autor u obra citados... Ejemplos:

El año de su nacimiento (1616) es el mismo en que murió Cervantes.

Toda su familia nació en Córdoba (Argentina).

Una ONG (organización no gubernamental) ha de ser, por principio, una asociación sin ánimo de lucro.

«Más obran quintaesencias que fárragos» (Gracián) [40].

5.7.3. En ocasiones se utilizan los paréntesis para evitar introducir una opción en el texto. En estos casos se puede encerrar dentro del paréntesis una palabra completa o solo uno de sus segmentos [41]. Ejemplos:

En el documento se indicarán el (los) día(s) en que haya tenido lugar la baja.

Se necesita chico(a) para repartir pedidos [42].

---

[39] Para estos incisos también se pueden utilizar rayas (véase 5.9.1).

[40] En algunos de estos casos también se pueden utilizar comas o rayas. Véanse 5.2.5 y 5.9.1.

[41] En este uso puede alternar con la barra. Véase 5.11.3d.

[42] Fuera de anuncios, circulares o algunos textos de tipo técnico, se recomienda evitar este uso, especialmente en documentos personalizados.

5.7.4. Cuando se reproducen o transcriben textos, códices o inscripciones con abreviaturas, se pueden utilizar los paréntesis para reconstruir las palabras completas o los elementos que faltan en el original y se suplen [43]. Por ejemplo:

Imp(eratori) Caes(ari).

5.7.5. En la transcripción de textos se utilizan tres puntos entre paréntesis para dejar constancia de que se omite en la cita un fragmento del texto [44]. Por ejemplo:

Hasta aquí (...) la obra visible de Menard, en su orden cronológico. Paso ahora a la otra: la subterránea, la interminablemente heroica, la impar. También, ¡ay de las posibilidades del hombre!, la inconclusa. Esa obra (...) consta de los capítulos noveno y trigésimo octavo de la primera parte del don Quijote y de un fragmento del capítulo veintidós.

(Jorge Luis Borges: *Ficciones*)

5.7.6. Las letras o números que encabezan clasificaciones, enumeraciones, etc. pueden situarse entre paréntesis o seguidas del paréntesis de cierre. Ejemplos:

Estos libros podrán encontrarse en los lugares siguientes:

(a) En los estantes superiores de la sala de juntas.
(b) En los armarios de la biblioteca principal.

O bien:

Estos libros podrán encontrarse en los lugares siguientes:

a) En los estantes superiores de la sala de juntas.
b) En los armarios de la biblioteca principal.

---

[43] También es posible utilizar en este caso los corchetes. Véase 5.8.3.
[44] En este uso suelen alternar con los corchetes. Véase 5.5.5.

5.7.7. Combinación de los paréntesis con otros signos

Los signos de puntuación correspondientes al período en el que va inserto el texto entre paréntesis se colocan siempre después del de cierre. Ejemplos:

Tenía varios hermanos (era el primogénito de una numerosa familia), pero no los veía desde hacía años.

¿En qué año se creó la ONU (Organización de las Naciones Unidas)?

El texto recogido dentro de los paréntesis tiene una puntuación independiente. Por eso, si el enunciado entre paréntesis es interrogativo o exclamativo, los signos de interrogación y exclamación se colocan dentro de los paréntesis. Ejemplos:

Ángel Peláez (si supieses lo que opina sobre la ecología y los ecologistas, no te caería tan bien) es el nuevo responsable del proyecto.

La manía de Ernesto por el coleccionismo (lo colecciona todo: sellos, monedas, relojes, plumas, llaveros...) ha convertido su casa en un almacén.

Su facilidad para los idiomas (¡habla con fluidez siete lenguas!) le ha abierto muchas puertas.

5.8. Uso de los corchetes

Los corchetes [ ] se utilizan por regla general de forma parecida a los paréntesis que incorporan información complementaria o aclaratoria.

La combinación de los corchetes con otros signos ortográficos es idéntica a la de los paréntesis (véase 5.7.7).

Los corchetes se utilizan en las ocasiones siguientes:

5.8.1. Cuando dentro de un enunciado o texto que va entre paréntesis es preciso introducir alguna nota aclaratoria o precisión. Por ejemplo:

Una de las últimas novelas que publicó Benito Pérez Galdós (algunos estudiosos consideran su obra Fortunata y Jacinta *[1886-87] la mejor novela española del siglo XIX) fue* El caballero encantado *(1909).*

5.8.2. En poesía se coloca un solo corchete de apertura delante de las últimas palabras de un verso para indicar que no caben en la línea anterior. Ejemplo:

> *Soñaba en ese entonces en forjar un poema,*
> *de arte nervioso y nueva obra audaz y suprema,*
>
> *escogí entre un asunto grotesco y otro trágico,*
> *llamé a todos los ritmos con un conjuro*
> *[mágico*
>
> *y los ritmos indóciles vinieron acercándose,*
> *juntándose en las sombras, huyéndose y*
> *[buscándose.*

(José Asunción Silva: *El libro de versos*)

5.8.3. Cuando, en un texto transcrito, el copista o editor quiere incorporar alguna parte que falta, aclaración, nota, desarrollo de una abreviatura o cualquier interpolación ajena al texto original[45], se usan los corchetes. Por ejemplo:

La nieve hermoseaba [texto tachado: los parques y edificios de] la ciudad aquella fría mañana de diciembre.

5.8.4. También se utilizan los corchetes que encierran tres puntos suspensivos [...] cuando en un texto transcrito se omite una parte de él, ya sea una sola palabra o un fragmento[46]. Por ejemplo:

---

[45] También es posible utilizar los paréntesis con esta función. Véase 5.7.4.
[46] En este uso suelen alternar con los paréntesis. Véanse 5.5.5 y 5.7.5.

Pensé en lo que usted me había enseñado: que nunca hay que odiar a nadie. Le sonreí para decírselo; pero después pensé que él no pudo ver mi sonrisa [...] por lo negra que estaba la noche.

(Juan Rulfo: *Pedro Páramo*)

5.9. Uso de la raya

La raya o guion largo (—) se puede usar aisladamente, o bien, como en el caso de otros signos de puntuación, para servir de signo de apertura y cierre que aísle un elemento o enunciado.

Este signo se utiliza con los fines siguientes:

5.9.1. Para encerrar aclaraciones o incisos que interrumpen el discurso. En este caso se coloca siempre una raya de apertura antes de la aclaración y otra de cierre al final. Por ejemplo:

Llevaba la fidelidad a su maestro —un buen profesor— hasta extremos insospechados.

Esperaba a Emilio —un gran amigo—. Lamentablemente, no vino.

En este uso, las rayas pueden ser sustituidas por los paréntesis e incluso por comas (véanse 5.7.1, 5.7.2 y 5.2.5). La diferencia entre una u otra opción depende de cómo perciba quien escribe el grado de conexión que el inciso mantiene con el resto del enunciado.

5.9.2. Para señalar cada una de las intervenciones de un diálogo sin mencionar el nombre de la persona o personaje al que corresponde. En este caso se escribe una raya delante de las palabras que constituyen la intervención. Por ejemplo:

—¿Qué has hecho esta tarde?
—Nada en especial. He estado viendo la televisión un rato.

5.9.3. Para introducir o encerrar los comentarios o precisiones del narrador a las intervenciones de los personajes. Se coloca una sola raya delante del comentario del narrador, sin necesidad de cerrarlo con otra, cuando las palabras del personaje no continúan inmediatamente después del comentario. Por ejemplo:

—*Espero que todo salga bien —dijo Azucena con gesto ilusionado.*

Se escriben dos rayas, una de apertura y otra de cierre, cuando las palabras del narrador interrumpen la intervención del personaje y esta continúa inmediatamente después. Por ejemplo:

—*Lo principal es sentirse viva —añadió Pilar—. Afortunada o desafortunada, pero viva.*

Tanto en un caso como en el otro, si fuese necesario poner detrás de la intervención del narrador un signo de puntuación, una coma o un punto, por ejemplo, se colocará después de sus palabras y tras la raya de cierre (si la hubiese). Por ejemplo:

—*¿Deberíamos hablar con él? —preguntó Juan—. Es el único que no lo sabe.*

—*Sí —respondió la secretaria—, pero no podemos decirle toda la verdad.*

5.9.4. En algunas listas, como índices alfabéticos de libros o bibliografías, la raya sirve para indicar que en ese renglón se omite una palabra, ya sea un concepto antes citado o el nombre de un autor que se repite. Ejemplos:

Verbos intransitivos
— *transitivos*
— *irregulares*
— *regulares*

Ortega y Gasset, J.: *España invertebrada* (1920-22).
         — : *La rebelión de las masas* (1930).
         — : *Idea del teatro* (1946).

5.10. Uso de las comillas

Hay diferentes tipos de comillas: las comillas angulares, también llamadas latinas o españolas (« »), las inglesas (" ") y las simples (' '). Por lo general, es indistinto el uso de uno u otro tipo de comillas dobles; pero suelen alternarse cuando hay que utilizar comillas dentro de un texto ya entrecomillado. Por ejemplo:

Al llegar el coche deportivo, Lola susurró: «Vaya "cacharro" que se ha comprado Tomás».

Se utilizan comillas en los casos siguientes:

5.10.1. Para reproducir citas textuales de cualquier extensión[47]. Ejemplos:

Fue entonces cuando la novia dijo: «Sí».

Sus palabras fueron: «Por favor, el pasaporte».

Dice Miguel de Unamuno en La novela de don Sandalio:

«He querido sacudirme del atractivo del Casino, pero es imposible; la imagen de Don Sandalio me seguía a todas partes. Ese hombre me atrae como el que más de los árboles del bosque; es otro árbol más, un árbol humano, silencioso, vegetativo. Porque juega al ajedrez como los árboles dan hoja».

Cuando se ha de intercalar un comentario o intervención del narrador o transcriptor de la cita, no es imprescindible cerrar las comillas para volver a abrirlas después del comentario, pero puede hacerse. Para intercalar tales intervenciones, es preferible encerrarlas entre rayas. Por ejemplo:

«Los días soleados como este —comentó Silvia— me encantan».

---

[47] En textos largos fue práctica, ahora inhabitual, colocar comillas de cierre (») al principio de cada línea para recordar que continuaba la cita. Por ejemplo:
En opinión de un escritor célebre: «El hombre tiene aptitud, por su naturaleza, para »habitar en todos los países del mundo: en los arenales del desierto, en los »montes más encumbrados, en los climas polares puede vivir y propagarse. No »así los animales, que, sujetos a más estrechos límites, perecen fuera de ellos o »arrastran vida penosa».

5.10.2. En textos narrativos, a veces se utilizan las comillas para reproducir los pensamientos de los personajes, en contraste con el uso de la raya, que transcribe sus intervenciones propiamente dichas. Por ejemplo:

—Es una mujer hermosa, hermosísima; si ustedes quieren, de talento, digna de otro teatro, de volar más alto...; si ustedes me apuran, diré que es una mujer superior —si hay mujeres así— pero al fin es mujer, et nihil humani...

No sabía lo que significaba ese latín, ni adónde iba a parar, ni de quién era, pero lo usaba siempre que se trataba de debilidades posibles.

Los socios rieron a carcajadas.

«¡Hasta en latín sabía maldecir el pillastre!», pensó el padre, más satisfecho cada vez de los sacrificios que le costaba aquel enemigo.

(Clarín: La Regenta, cap. IV)

5.10.3. Para indicar que una palabra o expresión es impropia, vulgar o de otra lengua, o que se utiliza irónicamente o con un sentido especial. Ejemplos:

Dijo, cargado de razón, que el asunto tenía algunas «prorrogativas».

En el salón han puesto una «boiserie» que les ha costado un dineral[48].

Últimamente está muy ocupado con sus «negocios».

5.10.4. Para citar títulos de artículos, poemas, cuadros...[49]. Ejemplos:

El artículo de Amado Alonso titulado «Noción, emoción, acción y fantasía en los diminutivos» está recogido junto con otros en un volumen antológico: Estudios lingüísticos. Temas españoles.

---

[48] En textos impresos en letra redonda es más frecuente reproducir los extranjerismos con cursiva. Véase 2.12.

[49] En los textos impresos, los títulos de los libros, sin embargo, suelen escribirse con letra cursiva; en los textos manuscritos o mecanografiados es frecuente subrayarlos.

Nos leyó en voz alta el «Romance sonámbulo» del Romancero Gitano.

En esta sala se puede ver el «Esopo» de Velázquez.

5.10.5. Cuando en un texto se comenta o se trata una palabra en particular, esta se aísla escribiéndola entre comillas [50]. Por ejemplo:

Como modelo de la primera conjugación, se utiliza usualmente el verbo «amar».

5.10.6. Cuando se aclara el significado de una palabra, este se encierra entre comillas. En tal caso se prefiere utilizar comillas simples. Por ejemplo:

«Espiar» ('acechar') no significa lo mismo que «expiar» las faltas.

5.10.7. Combinación de las comillas con otros signos

Los signos de puntuación correspondientes al período en el que va inserto el texto entre comillas se colocan siempre después de las comillas de cierre. Ejemplos:

Sus palabras fueron: «No lo haré»; pero al final nos ayudó.

¿De verdad ha dicho: «Hasta luego»?

¡Menudo «collage»!

El texto recogido dentro de las comillas tiene una puntuación independiente y lleva sus propios signos ortográficos. Por eso, si el enunciado entre comillas es interrogativo o exclamativo, los signos de interrogación y exclamación se colocan dentro de estas. Ejemplos:

---

[50] También se puede distinguir la palabra escribiéndola subrayada o con un tipo de letra diferente, si esto es posible. Por ejemplo: *La palabra* entre, *incluida tradicionalmente en la lista de preposiciones, no funciona a veces como tal.*

Se dirigió al dependiente: «Por favor, ¿dónde puedo encontrar cañas de pescar?».

«¡Qué ganas tengo de que lleguen las vacaciones!», exclamó.

5.11. Otros signos ortográficos

La escritura del español también cuenta con otros signos auxiliares, que se exponen a continuación.

5.11.1. *Diéresis o crema*

La diéresis o crema (¨) es un signo que se coloca encima de las vocales en las siguientes ocasiones[51]:

a) Para indicar que ha de pronunciarse la vocal *u* en las combinaciones *gue* y *gui*. En este caso, el uso de la diéresis es preceptivo. Ejemplos: *vergüenza, pingüino, argüir.*

b) En textos poéticos, la diéresis puede usarse colocada sobre la primera vocal de un posible diptongo, para indicar que no existe. De esa forma la palabra a la que afecta y el verso en que se incluye cuentan con una sílaba más. Ejemplos:

> *El dulce murmurar deste rüido,*
> *el mover de los árboles al viento,*
> *el suave olor [...].*
>
> (Garcilaso de la Vega: *Égloga II*)

5.11.2. *Guion*

El guion (-) es un trazo horizontal de menor longitud que el signo llamado raya. Se utiliza básicamente cuando es necesario hacer

---

[51]   Para su empleo en textos antiguos, véase 2.2.3.

divisiones dentro de una palabra y no se escribe entre espacios en blanco [52].

Tiene diferentes usos.

a) Se utiliza para separar, en determinados casos, los dos elementos que integran una palabra compuesta. Hay dos situaciones dignas de mención:

1.º Los compuestos de nueva creación formados por dos adjetivos, el primero de los cuales conserva invariable la terminación masculina singular, mientras el segundo concuerda en género y número con el nombre al que se refiere. Ejemplos: *tratado teórico-práctico, lección teórico-práctica, cuerpos técnico-administrativos.*

2.º Cuando dos gentilicios forman una palabra compuesta, esta se puede escribir separando o no ambos elementos con un guion. Si el compuesto resultante se siente como consolidado, lo escribiremos sin guion. Ejemplos: *hispanoárabe, francocanadiense.* Si el compuesto no es sentido como unidad, puede escribirse con guion. Ejemplos: *luso-japonés, hispano-ruso.*

b) El guion sirve para dividir una palabra al final de renglón cuando no cabe en él completa. Para realizar esta división hay que tener en cuenta las consideraciones que se detallan más adelante (véase 5.12).

1.º Cuando la palabra contenga una *h* intercalada precedida de consonante, el guion se colocará siempre delante de la *h,* tratándola como principio de sílaba. Ejemplos: *des - hidratar, in - humano.*

2.º Los dígrafos *ll, rr* y *ch* no se pueden dividir con guion, por representar cada uno de ellos un único fonema. Ejemplos: *ca - llar, ca - rro, le - chuga.*

---

[52] Sin embargo, cuando se emplea metalingüísticamente para separar las sílabas de una palabra, se suele escribir entre espacios, como aparece en los ejemplos de separación de sílabas registrados en este mismo apartado.

3.º Cuando en una palabra aparecen dos consonantes seguidas, generalmente la primera pertenece a la sílaba anterior
y la segunda a la sílaba siguiente[53]. Ejemplos: *in - ten - tar,
es - pal - da, es - to, suc - ción.*

Los grupos consonánticos formados por una conso-
nante seguida de *l* o *r*, como *bl, cl, fl, gl, kl, pl, br, cr, dr,
fr, gr, kr, pr, tr,* no pueden separarse y siempre inician sílaba. Ejemplos: *ha - blar, su - primir, de - trás, re - clamar,
in - flamar*[54].

4.º Cuando tres consonantes van seguidas en una palabra,
se reparten entre las dos sílabas respetando la insepara-
bilidad de los siguientes grupos consonánticos: los cons-
tituidos por una consonante más *l* o *r* vistos en el párrafo anterior, que siempre encabezan sílaba, y los grupos
st, ls, ns, rs, ds, que siempre cierran la sílaba. Ejemplos:
*ham - bre, am - plio, in - flar, en - trar, des - gracia, ist - mo,
sols - ticio, cons - tante, abs - tenerse, supers - tición.*

5.º Cuando son cuatro las consonantes consecutivas en una
palabra, las dos primeras forman parte de la primera sílaba
y las dos restantes de la segunda. Ejemplos: *cons - treñir,
abs - tracto, ads - cripción.*

6.º Es preferible no segmentar las palabras de otras lenguas
al final de renglón, a no ser que se conozcan las reglas
vigentes en los idiomas respectivos.

7.º Las siglas y acrónimos, así como las abreviaturas, no
pueden dividirse al final de renglón. Así sucede, por
ejemplo, con *UNESCO.* Se admite la división en los
acrónimos que han pasado a incorporarse al léxico general, escritos, en consecuencia, con minúscula. Ejemplos: *lá - ser, ra - dar.*

---

[53] En América, Canarias y algunas áreas peninsulares, la secuencia *tl* forma
grupo inseparable (se pronuncia, por ejemplo, *a-tlas*). En otras zonas de España
tiende a producirse corte silábico entre las dos consonantes (se pronuncia *at-las*).

[54] Recuérdese, sin embargo, lo dicho en 2.9.1, nota 20.

c) Cuando se antepone el guion a una parte de una palabra (sílaba, morfema, etc.), indica que esta va en posición final. Ejemplos: *-illo, -idad, -ar* [55]. Cuando se pospone el guion a esa misma parte, indica que esta va en posición inicial. Ejemplos: *post-, re-, cant-.* Si el elemento en cuestión se coloca entre guiones, se entiende que está en interior de palabra. Ejemplos: *-ec-, -in-, -bl-.*

d) El guion también se emplea para unir palabras con un valor de enlace similar al de una preposición o una conjunción. Ejemplos: *la línea de metro Ventas-Cuatro Caminos, el partido Peñarol-Nacional, una relación amor-odio.*

5.11.3. Barra

La barra (/) tiene los siguientes usos [56]:

a) Sirve para señalar el límite de los versos en los textos poéticos reproducidos en línea seguida. En este caso se escribe entre espacios. Por ejemplo:

¡Y si después de tantas palabras, / no sobrevive la palabra! / ¡Si después de las alas de los pájaros, / no sobrevive el pájaro parado! / ¡Más valdría, en verdad, / que se lo coman todo y acabemos!
(César Vallejo: *Poemas póstumos*)

b) En algunas transcripciones de textos, se utiliza para señalar el cambio de línea en el original y también se escribe entre espacios. Por ejemplo:

QVINTA / PARTE DE FLOR / DE ROMANCES NVE / uos, nu[n]ca hasta agora impressos: / Llamado Ramillete de Flores: / De muchos, graues, y diuer / sos Autores. Recopi / lados no co[n] po / co traba / jo

---

[55] Si a la sílaba anterior a un sufijo o elemento compositivo le corresponde llevar tilde, esta aparecerá sobre el guion. Ejemplos: *-ico, ca (alcohólico), -il (portátil).*
[56] En informática se utiliza también una barra inclinada hacia la izquierda (\).

c) Tiene valor preposicional en expresiones como *120 km/h, Real Decreto Legislativo 1/1995 de 24 de marzo, salario bruto 220 000 pts./mes.* En este uso se escribe sin separación alguna de los signos gráficos que une.

d) Colocada entre dos palabras o entre una palabra y un morfema, puede indicar también la existencia de dos o más opciones posibles[57]. En este caso no se escribe entre espacios. Ejemplos:

El/los día/s detallado/s.

Es el tipo de bromas y/o mentiras piadosas que Inés no soportaba.

(Alfredo Bryce Echenique:
La vida exagerada de Martín Romaña)

e) Forma parte de abreviaturas como *c/* (por *calle*), *c/c* (por *cuenta corriente*), etc.

5.11.4. *Apóstrofo*

El apóstrofo (') no tiene prácticamente vigencia en el español actual.

Este signo solía emplearse antiguamente, sobre todo en poesía, para indicar la omisión o elisión de una vocal. Ejemplos: *d'aquel,* por *de aquel; l'aspereza,* por *la aspereza; qu'es,* por *que es.* Este uso se conserva en algunas ediciones actuales de obras antiguas.

Los nombres propios de otras lenguas que incluyen apóstrofo, lo conservan. Ejemplos: *O'Donnell, D'Ors,* etc.

5.11.5. *Signo de párrafo*

El signo de párrafo (§) se emplea, seguido de un número, para indicar divisiones internas dentro de los capítulos. Ejemplos: *§ 12, § 23.*

---

[57] En este uso puede alternar con los paréntesis. Véase 5.7.3. Recuérdese lo allí expuesto acerca de la oportunidad de su uso.

También se utiliza en las remisiones y citas de estas mismas divisiones. Por ejemplo: *Véase § 16.*

5.11.6. Asterisco

El asterisco (*) es un signo en forma de estrella que se utiliza con estas funciones:

a) Como signo de llamada de nota al margen o a pie de página dentro de un texto. En este caso se pueden situar uno, dos, tres y hasta cuatro asteriscos en llamadas sucesivas dentro de una misma página. En ocasiones, estos asteriscos se encierran entre paréntesis: (*).

b) Se antepone a una palabra o expresión para señalar su incorrección, bien en su uso o bien en su ortografía. Ejemplos: *pienso *de que volverá tarde* (forma correcta: *pienso que volverá tarde*); **cocreta* (forma correcta: *croqueta*); **a grosso modo* (forma correcta: *grosso modo*).

c) En Lingüística histórica, antepuesto a una palabra, indica que se trata de un vocablo hipotético, resultado de una reconstrucción. Ejemplos: **bava, *appariculare*.

d) El asterisco puede tener también otros valores circunstanciales especificados en un escrito o publicación concretos.

5.11.7. Llaves

Las llaves { } constituyen un signo doble que encierra texto, aunque también se pueden utilizar de forma aislada.

En ambos casos, estos signos se utilizan en cuadros sinópticos y esquemas para agrupar opciones diferentes, establecer clasificaciones, desarrollar lo expresado inmediatamente antes o después, etc.

5.12. División de palabras al final de renglón

Para dividir palabras al final de una línea se utilizará el guion (véase *5.11.2*b) de acuerdo con estas normas:

a) El guion no debe separar letras de una misma sílaba. Por ejemplo, la palabra *teléfono* podría dividirse de las siguientes maneras:

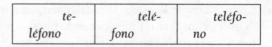

te- léfono	telé- fono	teléfo- no

Sin embargo, cuando una palabra está integrada por otras dos que funcionan independientemente en la lengua, o por una de estas palabras y un prefijo, será potestativo dividir la voz resultante separando sus componentes, aunque la división no coincida con el silabeo de la palabra. Ejemplos:

no- sotros	nos- otros	de- samparo	des- amparo

b) Dos o más vocales seguidas no pueden separarse, tanto si constituyen un diptongo o un triptongo, por ejemplo en *can - ción, tiem - po, santi - güéis,* como si no lo constituyen y están en hiato, por ejemplo en *tea - tro, poé - tico.* Excepto si forman parte de dos segmentos distintos de una palabra compuesta, como se explicó en el párrafo anterior. Por ejemplo: *contra - espionaje.*

c) Cuando la primera sílaba de una palabra es una vocal, se evitará dejar esta letra sola al final de la línea. Si la vocal está precedida de una *h,* se invalida la norma. Ejemplos: *amis - ta - des, he - re - de - ros.*

5.13. Usos no lingüísticos de algunos signos de puntuación

Aunque no constituyen materia estrictamente ortográfica, existen ciertos usos no lingüísticos de los signos de puntuación, generalmente referidos a notaciones o expresiones científicas y técnicas[58].

5.13.1. *Usos no lingüísticos del punto*

a) Aunque todavía es práctica común separar los millares, millones, etc., mediante un punto (o una coma en algunos lugares de América), la norma internacional establece que se prescinda de él. Para facilitar la lectura de estas expresiones, especialmente cuando constan de muchas cifras, se recomienda separarlas mediante espacios por grupos de tres. Por ejemplo: *4 829 430*. Sin embargo, no se utiliza nunca esta separación en la expresión de los años, en la numeración de páginas ni en los números de artículos, decretos o leyes. Ejemplos: *año 1942, página 1162, Real Decreto 1099/1986.*

b) Es aceptable, de acuerdo con la normativa internacional, el uso del punto para separar la parte entera de la parte decimal en las expresiones numéricas escritas con cifras. Por ejemplo: *3.1416.* Pero en este caso es preferible el uso de la coma (véase *5.13.2*).

c) En la expresión numérica del tiempo, el punto separa las horas de los minutos. Ejemplos: *15.30 h, 12.00 h.* En este uso pueden emplearse también los dos puntos (véase *5.13.3a*).

d) En Matemáticas, el punto indica la multiplicación de dos cantidades o expresiones, y se coloca siempre a media altura[59]. Ejemplo: *5 · 4 = 20; 2 · (x + y) = 30.*

---

[58] Este apartado sigue los usos del SI (Sistema Internacional de Unidades), reconocido oficialmente por la mayor parte de los países.

[59] Este uso alterna con el símbolo tradicional en forma de aspa (véase apéndice 1, apdo. 2). En la notación matemática se prescinde muchas veces de signos

5.13.2. Usos no lingüísticos de la coma

Se utiliza la coma para separar la parte entera de la parte decimal en las expresiones numéricas escritas con cifras. Por ejemplo: *3,1416*. No obstante, la normativa internacional acepta también el uso del punto en este caso (véase *5.13.1*b).

5.13.3. Usos no lingüísticos de los dos puntos

a) Se utilizan dos puntos para separar las horas de los minutos en la expresión del tiempo[60], alternando con el uso del punto (véase *5.13.1*c). Ejemplos: *15:30 h, 12:00 h*.

b) También indican una división en expresiones matemáticas. Ejemplo: *8 : 2 = 4*. En este uso alternan con la barra (véase *5.13.5*) y con el símbolo ÷ (véase apéndice 1, apdo. 2).

5.13.4. Usos no lingüísticos del guion

Se utiliza el guion con valor de enlace para unir dos números, sean consecutivos o no. De esta forma se hace referencia al intervalo que existe entre uno y otro. Este uso es válido tanto en el caso de números arábigos como en el de números romanos. Ejemplos: *Alfonso Reyes (1889-1959); las páginas 23-45; los capítulos X-XIII; durante los siglos X-XI*.

Cuando, en la expresión de un período de tiempo, los dos primeros dígitos del año final del intervalo coinciden con los dos primeros dígitos del año inicial, aquellos pueden suprimirse. Por ejemplo: *la guerra civil española (1936-39)*.

Pueden suprimirse también los dos primeros dígitos en la expresión de fechas (por ejemplo: *12-5-99*), otro de los usos del guion.

---

para indicar el producto de dos expresiones. Por ejemplo: $E = mc^2$ equivale a $E = m \cdot c^2$ (y también a $E = m \times c^2$).

[60] Tal empleo se ha extendido por su generalización en los relojes digitales.

Tambien se emplea el guion para unir una letra con el valor de abreviatura a una cifra o número romano y formar así expresiones que hacen referencia a una carretera. Ejemplos: *N-260, N-IV.*

5.13.5. *Usos no lingüísticos de la barra*

Los cocientes de magnitudes y unidades de medida se expresan mediante la barra. Ejemplos: *120 km/h, 10 m³/s* (véase 5.11.3c). En los cocientes de otras expresiones matemáticas, se podrán utilizar también los dos puntos (véase antes 5.13.3b) y el símbolo ÷ (véase apéndice 1, apdo. 2). Ejemplos: *x/y, 8/2.*

CAPÍTULO VI
ABREVIATURAS

La necesidad de escribir con más rapidez y de encerrar en poco espacio la mayor cantidad de información son las razones para abreviar ciertas palabras, representándolas con solo una o algunas de sus letras, de las que se deduce con facilidad el vocablo o vocablos aludidos.

Cualquier palabra o grupo de palabras admite su abreviación. El uso y la tradición han multiplicado el número de abreviaturas empleadas en nuestra lengua, creando unas duraderas y desechando otras de uso efímero u ocasional. Mención aparte merecen las abreviaturas y los símbolos —sobre todo los empleados en la ciencia y en la técnica— que están sujetos a reglamentación internacional [61].

También es necesario recordar el uso, cada día más relevante en la vida pública, de las siglas, tanto las que representan a organismos nacionales e internacionales como las correspondientes a insti-

---

[61] En esta *Ortografía* se han tenido en cuenta las reglamentaciones de la CGPM (Conferencia General de Pesas y Medidas) y de la IUPAC (International Union of Pure and Applied Chemistry) para establecer los símbolos de las unidades de medida y de los elementos químicos, así como los prefijos para la formación de múltiplos y submúltiplos del SI (Sistema Internacional de Unidades). Dichas reglamentaciones aparecen recogidas por AENOR (Asociación Española de Normalización y Certificación) en su repertorio de *Unidades de Medida* (Recopilación de Normas UNE, 2), 1987.

tuciones, firmas comerciales por todos conocidas, etc. No se recogen aquí las siglas de manera sistemática por ser objeto de frecuentísimos cambios y ampliaciones, reflejados en los *Diccionarios de siglas* que publican organismos públicos o editoriales privadas. Únicamente se ha dado cabida a aquellas siglas que, por designar objetos, profesiones u otras realidades muy concretas, se han generalizado, junto con algunas de las que pertenecen ya a la memoria histórica de los hispanohablantes o las que, por su alcance internacional, son de general aceptación.

Debe tenerse en cuenta que no siempre existe una correspondencia unívoca entre abreviatura y palabra o palabras abreviadas. Frecuentemente se utiliza la misma abreviatura para diferentes palabras (por ejemplo: AA. es abreviatura de *autores* y de *Altezas*), de la misma manera que una palabra puede estar representada por diferentes abreviaturas (por ejemplo: tel., teléf. y tfno. son abreviaturas tradicionalmente empleadas para *teléfono*).

6.1. Consideraciones generales

6.1.1. Las abreviaturas tienden a escribirse con mayúscula o minúscula inicial de acuerdo con la escritura de las palabras que representan. Ejemplos: S. M. (por *Su Majestad*); pág. (por *página*). Pero existen abundantes excepciones. Las abreviaturas de los tratamientos se escriben siempre con mayúscula (ejemplo: V. o Vd. —por *usted*—) y hay frecuentes usos dobles, en los que es posible el empleo indistinto de minúscula o mayúscula. Ejemplos: c. o C. (para *calle*); p. o. o P. O. (*por orden*). En el apéndice que sigue a este capítulo solo se registra, caso de darse el uso doble ahora descrito, la abreviatura escrita con minúscula.

6.1.2. Por regla general, escribiremos punto [62] detrás de las abreviaturas. Ejemplos: art. (por *artículo*), etc. (por *etcétera*), ms. (por

---

[62] El punto de las abreviaturas no excluye la presencia inmediata de cualquier otro signo de puntuación (?, !, ..., ;), salvo el propio punto.

manuscrito). Hay también abundantes excepciones a esta regla. Así, los símbolos de los elementos químicos y de las unidades de medida se escribirán sin punto. Ejemplos: He (por *helio*), kg (por *kilogramo*). Tampoco lo llevarán las abreviaturas de los puntos cardinales: N (por *Norte*), S (por *Sur*), etc.

6.1.3. El uso de una abreviatura no exime de poner tilde, siempre que en la forma reducida aparezca la letra que la lleva en la palabra representada. Ejemplos: admón. (por *administración*), cód. (por *código*), pág. (por *página*). Existen algunas excepciones, generalmente debidas a la vigencia internacional de las abreviaturas. Ejemplos: a (por *área*), ha (por *hectárea*).

6.1.4. Por regla general, las abreviaturas formadas por letras voladas llevan punto antes de dichas letras[63]. Ejemplos: D.ª (por *doña*), desct.º (por *descuento*).

6.1.5. En abreviaturas formadas por varias palabras, estas pueden separarse por medio de la barra oblicua. Ejemplos: c/c (por *cuenta corriente*), d/f (por *días fecha*), d/v (por *días vista*).

Es frecuente utilizar la barra oblicua después de una abreviatura simple, en sustitución del punto. Ejemplos: v/ (por *visto*), ch/ (por *cheque*).

6.1.6. El femenino de las abreviaturas puede formarse añadiendo una *a*, volada o no. Ejemplos: Sr.ª o Sra. (por *señora*), Dr.ª o Dra. (por *doctora*).

6.1.7. El plural de las abreviaturas formadas por una sola letra se puede expresar duplicando dicha letra. Ejemplos: ss. (por *siguientes*), pp. (por *páginas*), FF. CC. (por *ferrocarriles*). En el apéndice 1 aparecen los casos consagrados por el uso. Las abreviaturas constituidas por más de una letra forman su plural añadiendo -s (o -es, si

---

[63]   Estas letras voladas pueden representarse subrayadas (D.ª, desct.ⁿ) o sin subrayar (D.ª, desct.º).

la abreviatura lo es por contracción) al final[64]. Ejemplos: vols. (por *volúmenes*), mss. (por *manuscritos*), Dres. (por *doctores*)[65]. El plural de las abreviaturas con letras voladas debe representarse en ese tipo de letras. Ejemplos: n.os (por *números*), af.mos (por *afectísimos*).

Los símbolos de los elementos químicos y de las unidades de medida son invariables. Ejemplos: 2 C (*dos carbonos*), 25 m (*veinticinco metros*).

6.1.8. Las letras que forman siglas se escriben con mayúscula y, por regla general, sin puntos (ONU, ISBN), sobre todo cuando esas siglas han pasado a formar palabras, esto es, cuando constituyen acrónimos. Ejemplos: UNICEF, UVI. La generalización de los acrónimos puede incluso permitir escribirlos con minúscula, total o parcialmente. Ejemplos: uvi, talgo, Mercosur.

6.1.9. El plural de las siglas se construye haciendo variar las palabras que las acompañan. Ejemplos: las ONG, dos TAC.

---

[64]   El plural de pta. (*peseta*) es, por excepción, pts. El de algunas abreviaturas correspondientes a *centavo* y *céntimo* (cent., cént.) es cts.

[65]   Por excepción, Vd. y Ud. forman sus plurales en -s: Vds., Uds.

APÉNDICE 1
Lista de abreviaturas, siglas y símbolos

Se ofrece una lista, cuyo uso es solo preceptivo, por su carácter internacional, en el caso de los símbolos y abreviaturas correspondientes a los elementos químicos y a las unidades de medida.

1. Abreviaturas [66] y siglas [67]

a	área
a.	arroba. Véase aa. Véase también @ en apdo. 2
(a)	alias
A	amperio(s)
A.	Alteza. Véase AA.
aa.	arrobas
AA.	Altezas
AA. VV.	autores varios. Véase también VV. AA.
a/c	a cuenta

---

[66] No es posible establecer un número fijo y constante de abreviaturas, ya que hay libertad para crear las que se consideren oportunas, especialmente en obras como diccionarios, catálogos, bibliografías, colecciones epigráficas, etc., donde resultaría molesto repetir palabras de clasificación o especificación común a muchos artículos del libro. Al frente de tales obras se sitúa siempre la tabla de abreviaturas que se han utilizado.

En la lista que sigue, cuando el uso de una abreviatura, sigla o símbolo está restringido a un solo país o campo del saber, se hace notar entre paréntesis.

[67] Recuérdese lo dicho sobre las siglas en el capítulo VI.

a. C.	antes de Cristo. Véase también a. de C.; a. de J. C.; a. J. C.
Ac	actinio
acept.	aceptación
A. D.	anno Dómini ('año del Señor')
a. de C.; a. de J. C.	antes de Cristo. Véase también a. C.; a. J. C.
a D. g.	a Dios gracias
admón.	administración
adm.ᵒʳ; admr.	administrador
ADN	ácido desoxirribonucleico. Véase también DNA
a/f	a favor
af.ᵐᵒ; afmo.; affmo.	afectísimo
Ag	plata
a. J. C.	antes de Jesucristo. Véase también a. C.; a. de C.; a. de J. C.
Al	aluminio
Alfz.	alférez
Almte.	almirante
Am	americio
AM	*amplitude modulation* ('amplitud modulada'). Véase también OM
a. m.	ante merídiem ('antes del mediodía')
A. M. D. G.	ad maiórem Dei glóriam ('a mayor gloria de Dios')
ap.	aparte
apdo.	apartado
Ar	argón
ARN	ácido ribonucleico. Véase también RNA
Arq.	arquitecto
art.; art.º	artículo
Arz.	arzobispo
As	arsénico
at	atmósfera(s) técnica(s)
At	ástato
A. T.	Antiguo Testamento
atm	atmósfera(s) normal(es)
atte.	atentamente
atto.	atento

Au	oro
av.; avd.; avda.	avenida
B	boro
B.	beato. Véase también Bto.
Ba	bario
Barna.	Barcelona (España)
Bco.	banco (entidad financiera)
Be	berilio
Bk	berkelio
Bi	bismuto
Bibl.	biblioteca
b. l. m.	besa la mano (poco usada)
B.º; Bo.	barrio
Bq	*becquerel(s)*
Br	bromo
Brig.	brigada
bs	bolívar(es) (moneda oficial de Venezuela)
bs	boliviano(s) (moneda oficial de Bolivia). Véase también Bs
Bs	boliviano(s) (moneda oficial de Bolivia). Véase también bs
Bs. As.	Buenos Aires (Argentina)
Bto.	beato. Véase también B.
c	centi-
c	circa ('en torno a la fecha que se indica')
c.	centavo. Véase también cent.; ctv.; ctvo.
c.	capítulo. Véase también cap.; cap.º
c.	calle. Véase también c/; cl.
c/	cargo. Véase también cgo.
c/	cuenta
c/	calle. Véase también c.; cl.
C	culombio(s)
C	carbono
ºC	grado(s) (de la escala) Celsius
Ca	calcio
C.ª	compañía. Véase también Cía.; C.^{ía}; Comp.
cal	caloría(s)
Cap.	capital

Cap.	capitán
cap., cap.°	capítulo. Véase también c.
Cap. Fed.	capital federal
C. C.	casilla de correo
c/c	cuenta corriente. Véase también cta. y cte.
cd	candela(s)
Cd	cadmio
CD	*compact disc* ('disco compacto')
CD-ROM	*compact disc-read only memory* ('disco compacto solo de lectura, cederrón')
Cdad.	ciudad
Ce	cerio
c. e.	correo electrónico. Véase también e-mail
cent.	centavo. Véase cts. Véase también c.; ctv.; ctvo.
cent.	centésimo
cent.	céntimo de euro
cént.	céntimo. Véase cts.
Cf	californio
cf.	cónfer ('compárese, véase'). Véase también cfr.; conf.; confr.
cf.	confesor
cfr.	cónfer ('compárese, véase'). Véase también cf.; conf.; confr.
c. f. s.	coste, flete y seguro
conf.; confr.	cónfer ('compárese, véase'). Véase también cf.; cfr.
cg	centigramo(s)
cgo.	cargo. Véase también c/.
ch/	cheque
Ci	curio(s) (unidad de radiactividad)
C. I.	cédula de identidad (Argentina)
Cía.; C.ía	compañía. Véase también C.ª; Comp.
CIF	código de identificación fiscal (España)
cje.	corretaje
cl	centilitro(s)
Cl	cloro
cl.	calle. Véase también c/; c.
cm	centímetro(s)
cm²	centímetro(s) cuadrado(s)
cm³	centímetro(s) cúbico(s). Nunca *c. c.

Cm	curio (elemento químico)
Cmdt.	comandante. Véase también Cmte.; Comte.; Cte.
Cmte.	comandante. Véase también Comte.; Cte.
Cnel.	coronel. Véase también Col.
Co	cobalto
cód., Cód.	código
col.	columna
col.	colonia, barrio (México)
col.	colección
Col.	colegio
Col.	coronel. Véase también Cnel.
com.^{ón}	comisión
Comod.	comodoro
Comp.	compañía. Véase también C.^{a}; Cía.; C.^{ía}
Comte.	comandante. Véase también Cmdt.; Cmte.; Cte.
Contalmte.	contraalmirante
cp.	compárese
C. P.	código postal
Cr	cromo
crec.	creciente
Cs	cesio
cta.	cuenta
cte.	corriente
Cte.	comandante. Véase también Cmdt.; Cmte.; Comte.
cts.	centavos. Véase cent.
cts.	céntimos. Véase cént.
ctv.; ctvo.	centavo(s). Véase también c.; cent.
Cu	cobre
c/u	cada uno
CV	caballo(s) de vapor. Véase también hp
d	día
d	deci-
D.	don
da	deca-
dag	decagramo(s)
dal	decalitro(s)

dam	decámetro(s)
dB	decibelio(s)
d. C.	después de Cristo. Véase también d. de C.; d. de J. C.; d. J. C.
dcho., dcha.	derecho, derecha
d. de C.	después de Cristo. Véase también d. C.; d. de J. C.; d. J. C.
d. de J. C.	después de Jesucristo. Véase también d. C.; d. de C.; d. J. C.
del.	delegación
D. E. P.	descanse en paz. Véase también R. I. P.
depto.	departamento. Véase también dpto.
desct.º	descuento. Véase también dto.
D. F.	Distrito Federal
d/f	días fecha
dg	decigramo(s)
Diag.	diagonal (calle) (Argentina)
dicc.	diccionario
DIN	*Deutsche Industrie Normen* ('normas de la industria alemana')
Dir.	dirección
Dir.	director
dl	decilitro(s)
D. L.	depósito legal
DM	*Deutsche Mark* ('marco alemán, marcos alemanes') (moneda oficial de Alemania)
dm	decímetro(s)
dm^2	decímetro(s) cuadrado(s)
dm^3	decímetro(s) cúbico(s)
D. m.	Dios mediante
DNA	*deoxyribonucleic acid.* ADN
DNI	documento nacional de identidad
doc.	documento
D. P.	distrito postal
dpto.	departamento. Véase también depto.
Dr.	doctor
dto.	descuento. Véase también desct.º
dupdo.	duplicado
d/v	días vista
Dy	disprosio
dyn	dina(s)

E	exa-
E	Este (oriente)
e/	envío
e. c.	era común
e/c	en cuenta
ed.	edición
ed.	editor
Ed.; Edit.	editorial
Edo.	Estado (México)
ef.	efectos
ej.	ejemplo, ejemplar
Em.ª	Eminencia
e-mail	*electronic mail*. c. e.
Emmo.	Eminentísimo
entlo.	entresuelo
e. p. d.	en paz descanse
e. p. m.	en propia mano
Er	erbio
erg	ergio(s)
Es	einstenio
ESC	escudo(s) (moneda oficial de Portugal). Véase también $00 en apdo. 2
ESM	en su(s) mano(s) (El Salvador, Nicaragua)
et al.	et alii ('y otros')
etc.	etcétera. Véase & en apdo. 2
Eu	europio
eV	electronvoltio(s)
Exc.ª	Excelencia
excl.	exclusive
Excmo.; Exmo.	Excelentísimo
F	flúor
F	faradio(s)
F	franco(s) (moneda). Véase también FF
°F	grado(s) (de la escala) Fahrenheit
f.ª	factura. Véase también fra.
fasc.	fascículo
F. C.	ferrocarril. Véase FF. CC.
fca.	fábrica

Fdo.	firmado
Fe	hierro
fec.	fecit ('hizo')
FF	*Franc(s) Français* ('franco francés, francos franceses') (moneda oficial de Francia). Véase también F
FF. CC.	ferrocarriles
fig.	figura
FL	florín, florines (moneda oficial de Holanda)
Fm	fermio
FM	frecuencia modulada
f.; f.º; fol.	folio
Fr	francio
Fr.	fray; frey
fra.	factura. Véase también f.ª
ft	*foot, feet* 'pie(s) (unidad de longitud)'
g	gramo(s). Nunca *gr
g/	giro
G	giga-
G.	guaraní(es) (moneda oficial del Paraguay)
Ga	galio
Gd	gadolinio
Gdor.	gobernador
Ge	germanio
g. p.; g/p	giro postal
gr	grano
Gral.	general
Gs	gauss
gta.	glorieta
g. v.	gran velocidad
Gy	gray(s)
h	hora(s)
h	hecto-
h	*height* 'altura (dimensión)'
H	henrio(s)
H	hidrógeno
H.	hermano (en orden religiosa). Véase HH. Véase también hno.

Ha	hahnio
ha	hectárea(s)
HDL	*high density lipoprotein* ('lipoproteína de alta densidad')
He	helio
Hf	hafnio
hg	hectogramo(s)
Hg	mercurio
HH.	hermanos. Véase H.
HIV	*human immunodeficiency virus*. VIH
hl	hectolitro(s)
hm	hectómetro(s)
hno.	hermano. Véase H.
Ho	holmio
hp	*horsepower* ('caballo[s] de vapor'). Véase también CV
Hs	hassio
http	*hypertext transfer protocol* ('protocolo de transferencia de hipertexto')
Hz	hercio(s)
I	yodo
ib.; ibíd.	ibídem ('en el mismo lugar')
íd.	ídem ('el mismo, lo mismo')
i. e.	id est ('esto es')
igl.ª	iglesia
IHS	Iesus hóminum salvátor ('Jesús salvador de los hombres')
Ilmo.	Ilustrísimo
Iltre.	Ilustre
imp.; impr.	imprenta
impr.	impreso
in	pulgada(s)
In	indio
Ing.	ingeniero
INRI	Iesus nazarenus rex iudaeórum ('Jesús nazareno rey de los judíos')
Inst.	instituto
Ir	iridio
ISBN	*International Standard Book Number* ('Registro Internacional de Libros Editados')

ISO	*International Standard Organization* ('Organización Internacional de Estandarización')
ISSN	*International Standard Series Number* ('Registro Internacional de Publicaciones Periódicas')
IVA	impuesto sobre el valor añadido, impuesto al valor agregado
izdo., izda.; izq.; izqdo, izqda.	izquierdo, izquierda
J	julio(s)
J. C.	Jesucristo
Jhs., JHS	Jesús (referido a Cristo)
k	kilo-. Nunca *K
K	kelvin
K	potasio
kc	kilociclo(s)
kg	kilogramo(s)
kl	kilolitro(s)
km	kilómetro(s)
km^2	kilómetro(s) cuadrado(s)
k. o.	*knock-out* ('fuera de combate')
kp	kilopondio(s)
Kr	kriptón
Kv	kurchatovio
kW	kilovatio(s)
l; L	litro(s)
L/	letra (de cambio)
La	lantano
lb	libra(s) (de peso)
l. c.	loco citato. Véase también loc. cit.
LDL	*low density lipoprotein* ('lipoproteína de baja densidad')
Ldo.	licenciado. Véase también Lic.; Licdo.
Li	litio
Lic.; Licdo.	licenciado, licenciada. Véase también Ldo.
LIT; Lit.	lira(s) (moneda oficial de Italia)

lm	lumen
loc. cit.	loco citato ('en el lugar citado'). Véase también l. c.
LP	*long play* ('elepé')
Lps.	lempira(s) (moneda oficial de Honduras). Véase también L$ en apdo. 2
Lr	laurencio
Ltd.	*limited* ('limitado' o 'limitada')
Ltda.	limitada
Lu	lutecio
lx	lux
M	mega-
m	mili-
m	metro(s)
m²	metro(s) cuadrado(s)
m³	metro(s) cúbico(s)
M.ᵉ	madre (en orden religiosa). Véase MM.
máx.	máximo
Md	mendelevio
mb	milibar(es)
Mc	megaciclo(s)
Mercosur	Mercado Común del Sur
mg	miligramo(s)
Mg	magnesio
min	minuto(s) (de tiempo)
mín.	mínimo
MIR	médico interno residente (España)
ml	mililitro(s)
mm	milímetro(s)
mm²	milímetro(s) cuadrado(s)
mm³	milímetro(s) cúbico(s)
MM.	madres. Véase M.ᵉ
Mn	manganeso
m. n.	moneda nacional
Mo	molibdeno
Mons.	monseñor
mr.	mártir
ms.	manuscrito
Mt	meitnerio
Mx	*maxwell(s)*

n	nano-
n.	nota
N	*newton(s)*
N	nitrógeno
N	Norte
Na	sodio
Nb	niobio
N. B.	nota bene ('nótese bien')
Nd	neodimio
N. del T.	nota del traductor
Ne	neón
NE	nordeste
Ni	níquel
NIF	número de identificación fiscal (España)
n.º	número. Véase también nro.; núm.
No	nobelio
NO	noroeste
Np	néper
Np	neptunio
nro.	número. Véase también n.º; núm.
ntro.	nuestro
Ns	nielsbohrio
N. S.	Nuestro Señor (Jesucristo). Véase también N. S. J. C.
N.ª S.ª	Nuestra Señora (la Virgen María). Véase también Ntra. Sra.
N. S. J. C.	Nuestro Señor Jesucristo. Véase también N. S.
N. T.	Nuevo Testamento
Ntra. Sra.	Nuestra Señora (la Virgen María). Véase también N.ª S.ª
núm.	número. Véase también n.º; nro.
O	oxígeno
O	Oeste
Ob.	obispo
ob. cit.	obra citada. Véase también op. cit.
OCDE	Organización para la Cooperación y el Desarrollo Económico
Oe	*oersted(s)*

OEA	Organización de Estados Americanos
O. F. M.	Orden de frailes menores, de los franciscanos
OIT	Oficina Internacional del Trabajo
O. M.	Orden Ministerial (España)
OM	onda media. Véase también AM
OMS	Organización Mundial de la Salud
ONG	organización no gubernamental
ONU	Organización de las Naciones Unidas
O. P.	Orden de predicadores, de los dominicos
OPA	oferta pública de adquisición (de acciones)
op. cit.	ópere citato ('en la obra citada'). Véase también ob. cit.
OPEP	Organización de Países Exportadores de Petróleo
Os	osmio
O. S. A.	Orden de San Agustín
OTAN	Organización del Tratado del Atlántico Norte
OTI	Organización de Televisiones Iberoamericanas
oz	onza(s)
p	pico-
p.	página. Véase pp. Véase también pág.; pg.
P	poise
P	fósforo
P	peta-
P.	padre (en orden religiosa). Véase PP.
P.	papa
P.	pregunta
Pa	pascal(es)
Pa	protactinio
p. a.	por autorización
p. a.	por ausencia
p.º	paseo
pág.	página. Véase también p.; pg.
párr.	párrafo. Véase también § en apdo. 2
Pat.	patente
Pb	plomo
Pbro.	presbítero. Véase también Presb.
pc	*parsec(s)*

PC	*personal computer* ('computador, computadora personal; ordenador personal')
Pd	paladio
P. D.	posdata
p. d.	porte(s) debido(s)
pdo.	pasado
Pdte.	presidente
p. ej.	por ejemplo
pg.	página. Véase también p., pág.
PIB	producto interior bruto (España)
pl.; plza.	plaza. Véase también pza.
Pm	prometio
p. m.	post merídiem ('después del mediodía')
P. M.	policía militar
Pnt.	pontífice
Po	polonio
p. o.; p/o	por orden
pp.	páginas. Véase p.
p. p.	porte(s) pagado(s)
p. p.	por poder
PP.	padres. Véase P.
ppal.	principal. Véase también pral.
Pr	praseodimio
pral.	principal. Véase también ppal.
Presb.	presbítero. Véase también Pbro.
Prof.	profesor
pról.	prólogo
prov.	provincia
P. S.	post scríptum ('posdata')
pt	pinta(s)
Pt	platino
pta., pts.	peseta, pesetas (moneda oficial de España)
Pu	plutonio
p. v.	pequeña velocidad
P. V. P.	precio de venta al público
PYME	pequeña y mediana empresa
pza.	plaza. Véase también pl., plza.
q. b. s. m.	que besa su mano (poco usada)
q. b. s. p.	que besa sus pies (poco usada)

q. D. g.	que Dios guarde (poco usada)
q. e. g. e.	que en gloria esté (poco usada)
q. e. p. d.	que en paz descanse (poco usada)
q. e. s. m.	que estrecha su mano (poco usada)
Qm	quintal(es) métrico(s)
q. s. g. h.	que santa gloria haya (poco usada)
R	roentgen(s)
R.	respuesta
R.	reverendo. Véase RR. Véase también Rev.; Rvdo.
Ra	radio
rad	radián, radianes
Rb	rubidio
R. D.	Real Decreto (España)
Re	renio
reg.	registro
Rep.	república
Rev.	reverendo. Véase también R.; Rvdo.; Rvd.
Rh	rodio
Rh	*rhesus* (factor sanguíneo)
R. I. P.	requiéscat in pace ('en paz descanse'). Véase también D.E.P.
Rn	radón
RNA	*ribonucleic acid*. ARN
R. O.	Real Orden (España)
r. p. m.	revoluciones por minuto
RR.	reverendos. Véase R.
Rt	rutherfordio
Rte.	remitente
Ru	rutenio
Rvdo.	reverendo. Véase también R.; Rev.
s	segundo(s) (de tiempo). Nunca *sg
s.	siguiente. Véase ss. Véase también sig.
s.	siglo. Véase ss.
S	Sur
S	*siemens*

S	azufre
S.	San, Santo. Véase también Sto.
s. a.; s/a	sin año (de impresión o edición)
S. A.	Su Alteza. Véase SS. AA.
S. A.	sociedad anónima
S. A. I.	Su Alteza Imperial
S. A. R.	Su Alteza Real
S. A. S.	Su Alteza Serenísima
Sb	antimonio
Sc	escandio
s/c	su cuenta
s. c.	su casa
Sdad.	sociedad. Véase también Soc.
S. D. M.	Su Divina Majestad
s. e.; s/e	sin (indicación de) editorial
Se	selenio
SE	sudeste
S. E.	Su Excelencia
SEK	*Sverige Kröne* ('corona[s] sueca[s]') (moneda oficial de Suecia)
Ser.^{mo}	Serenísimo
s. e. u. o.	salvo error u omisión
s. f.; s/f	sin fecha
Sgto.	sargento
Si	silicio
SI	Sistema Internacional (de Unidades)
S. I.	Societatis Iesu (de la Compañía de Jesús). Véase también S. J.
sig.	siguiente. Véase también s.
S. J.	Societatis Iesu (de la Compañía de Jesús). Véase también S. I.
s. l.	sin lugar
s. l.; s/l	sin (indicación de) lugar de edición
S. L.	sociedad limitada
Sm	samario
S. M.	Su Majestad. Véase SS. MM.
SME	Sistema Monetario Europeo
Sn	estaño
s. n.; s/n	sin número (en una vía pública)

SO	sudoeste
Soc.	sociedad. Véase también Sdad.
SOS	señal de socorro
S. P.	servicio público
sq.	et sequentes ('y siguientes')
sr	estereorradián, estereorradianes
Sr	estroncio
Sr.	señor
S. R. C.	se ruega contestación
S. R. M.	Su Real Majestad
Srta.	señorita
ss.	siguientes. Véase s.
ss.	siglos. Véase s.
s. s.	seguro servidor (poco usada)
S. S.	Su Santidad
SS. AA.	Sus Altezas. Véase S. A.
SS. MM.	Sus Majestades. Véase S. M.
s. s. s.	su seguro servidor (poco usada)
Sto.	Santo. Véase también S.
Sv	*sievert(s)*
s. v.; s/v	sub voce ('bajo la palabra', en diccionarios y enciclopedias)
t	tonelada(s)
T	tesla(s)
T	tera-
t.	tomo
T.	tara
Ta	tantalio
TAC	tomografía axial computarizada
TAE	tasa anual equivalente (España)
Tb	terbio
Tc	tecnecio
Te	telurio
tel.; teléf.	teléfono. Véase también tfno.
test.º	testigo
tfno.	teléfono. Véase también tel.; teléf.
Th	torio
Ti	titanio

TIR	*Transport International Routier* ('transporte internacional por carretera')
tít.	título
Tl	talio
TM	*trademark* ('marca comercial registrada')
Tm	tulio
TNT	trinitrotolueno
trad.	traducción
Tte.	teniente
TV	televisión
u	unidad(es) de masa atómica
U	uranio
UA	unidad(es) astronómica(s)
U.	usted. Véase también Ud.; V.; Vd.
UCI	unidad de cuidados intensivos (España)
Ud., Uds.	usted, ustedes. Véase también U.; V.; Vd.
UE	Unión Europea
UFO	*unidentified flying object* ('ovni')
UHF	*ultra high frequency* ('frecuencia ultraalta')
UNESCO	*United Nations Educational, Scientific and Cultural Organization* ('Organización de las Naciones Unidas para la Educación, la Ciencia y la Cultura')
UNICEF	*United Nations International Children's Emergency Fund* ('Fondo Internacional de las Naciones Unidas de Socorro a la Infancia')
Univ.	universidad
UV; UVA	ultravioleta
UVI	unidad de vigilancia intensiva (España)
V	voltio(s)
V	vanadio
V.	usted. Véase también U.; Ud.; Vd.
v.	véase
v.	verso
v/	visto
V. A.	Vuestra Alteza
Valmte.	vicealmirante
V. A. R.	Vuestra Alteza Real

V.º B.º	visto bueno
Vd.	usted. Véase Vds. Véase también V.; U.; Ud.
Vdo.	viudo
Vds.	ustedes. Véase Vd.
V. E.	Vuestra Excelencia, Vuecencia
v. g.; v. gr.	verbigracia ('por ejemplo')
VHF	*very high frequency* ('frecuencia muy alta')
VHS	*video home system* ('sistema de vídeo doméstico')
V. I.	Usía Ilustrísima. Véase también V. S. I.
vid.	vide ('véase')
VIH	virus de inmunodeficiencia humana. Véase también HIV
VIP	*very important person* ('persona muy importante')
V. M.	Vuestra Majestad
V. O.	versión original
vol.	volumen
V. P.	Vuestra Paternidad
V. S.	Vuestra Señoría, Usía
V. S. I.	Vuestra Señoría Ilustrísima, Usía Ilustrísima. Véase también V. I.
vto., vta.	vuelto, vuelta
VV. AA.	varios autores. Véase también AA. VV.
W	vatio(s)
W	wolframio
Wb	*weber(s)*
W. C.	*water closet* ('retrete')
www	*world wide web* ('red informática mundial')
Xe	xenón
Xto.	Cristo
Y	itrio
Yb	iterbio
yd	yarda(s)
Zn	zinc
Zr	zirconio

2. Símbolos no alfabetizables

@	arroba (en direcciones de correo electrónico)
Å	*angstrom(s)*
©	*copyright* ('derechos de autor')
¢	centavo(s) (México)
₡	colón, colones (moneda oficial de El Salvador)
₿	balboa(s) (moneda oficial de Panamá)
C$	córdoba(s) (moneda oficial de Nicaragua)
L$	lempira(s) (moneda oficial de Honduras). Véase también Lps. en apdo. 1
NS/	nuevo(s) sol(es) (moneda oficial del Perú)
&	etcétera. Véase también etc. en apdo. 1
&	y
μ	micro-
°	grado de ángulo
'	minuto de ángulo (en Matemáticas); significado (en Filología)
"	segundo de ángulo
%	por ciento
‰	por mil
#	número
®	*registered trademark* ('marca registrada')
$	peso(s) (moneda oficial de la Argentina)
$	peso(s) (moneda oficial de Chile)
$	peso(s) y dólar(es) (monedas oficiales de Puerto Rico)
$	peso(s) (moneda oficial de México) (símbolo preferido)
$	dólar(es) (moneda oficial de los Estados Unidos de América)
$	peso(s) (moneda oficial de Uruguay)
$00	escudo(s) (moneda oficial de Portugal). Véase también ESC en apdo. 1
₫	peso(s) (moneda oficial de Colombia)
₫	peso(s) (moneda oficial de Cuba)
₫	peso(s) (moneda oficial de México)
€	euro(s) (moneda oficial de la Unión Europea)

116

£	libra(s) esterlina(s) (moneda oficial del Reino Unido)
¥	yen(es) (moneda oficial del Japón)
§	párrafo. Véase también párr. en apdo. 1
<	menor que (en Matemáticas); procede de (en Filología)
≤	menor o igual que (en Matemáticas)
>	mayor que (en Matemáticas); pasa a (en Filología)
≥	mayor o igual que (en Matemáticas)
√	raíz (en Matemáticas)
Ω	ohmio
*	forma hipotética o incorrecta (en Filología)
¶	información complementaria (en Filología)
../..	siguen más páginas
+	más (en Matemáticas)
–	menos (en Matemáticas)
×	multiplicado por —o por— (en Matemáticas)
÷	dividido por (en Matemáticas)

APÉNDICE 2

Nombres de países reconocidos por los organismos internacionales, con sus capitales y gentilicios

Contiene los nombres de todos los países reconocidos por entidades como la Organización de las Naciones Unidas, la Oficina de Información Diplomática del Ministerio de Asuntos Exteriores de España o la Asociación Española de Normalización y Certificación, con su gentilicio[68] y su capital[69] correspondientes[70]. En algunos casos, se incluyen variantes o nombres históricos de esos mismos lugares.

Abisinia. País de África, hoy Etiopía. GENT. **abisinio, nia.**
Abiyán. Capital de Costa de Marfil.
Abu Dhabi. Capital de los Emiratos Árabes Unidos.
Abuja. Capital de Nigeria.
Accra. Capital de Ghana.
Achkabad. Capital de Turkmenistán.
Addis Abeba. Capital de Etiopía.
Afganistán (el). País de Asia. GENT. **afgano, na.** CAP. **Kabul.**
Albania. País de Europa. GENT. **albanés, sa.** CAP. **Tirana.**

---

[68] Indicado mediante la abreviatura GENT. Solo se registra, en cada caso, el preferido por la Real Academia.
[69] Indicada mediante la abreviatura CAP.
[70] A no ser que la ausencia completa de documentación recomiende no registrar el gentilicio.

Alemania. País de Europa. GENT. **alemán, na.** CAP. **Berlín.**

Alto Volta. País de África, hoy Burkina Faso.

Ammán. Capital de Jordania.

Amsterdam. Capital de los Países Bajos.

Andorra. País de Europa. GENT. **andorrano, na.** CAP. **Andorra la Vieja.**

Andorra la Vieja. Capital de Andorra.

Angola. País de África. GENT. **angoleño, ña.** CAP. **Luanda.**

Ankara. Capital de Turquía.

Antananarivo. Capital de Madagascar.

Antigua y Barbuda. País de América, en el Caribe. GENT. **antiguano, na.** CAP. **Saint John.**

Apia. Capital de Samoa.

Arabia Saudí o **Arabia Saudita.** País de Asia. GENT. **saudí.** CAP. **Riad.**

Argel. Capital de Argelia. GENT. **argelino, na.**

Argelia. País de África. GENT. **argelino, na.** CAP. **Argel.**

Argentina (la). País de América. GENT. **argentino, na.** CAP. **Buenos Aires.**

Armenia. País de Asia. GENT. armenio, nia. CAP. **Ereván.**

Asmara. Capital de Eritrea.

Astaná. Capital de Kazajstán.

Asunción. Capital del Paraguay. GENT. **asunceno, na.**

Atenas. Capital de Grecia. GENT. **ateniense.**

Australia. País de Oceanía. GENT. **australiano, na.** CAP. **Canberra.**

Austria. País de Europa. GENT. **austriaco, ca.** CAP. **Viena.**

Avarua. Capital de las Islas Cook.

Azerbaiyán. País de Asia. GENT. **azerbaiyano, na.** CAP. **Bakú.**

Bagdad. Capital de Iraq. GENT. **bagdadí.**

Bahamas (las). País de América, en el Caribe. GENT. **bahameño, ña.** CAP. Nassáu.

Bahréin. País de Asia. GENT. **bahreiní.** CAP. **Manama.**

Bairiki. Capital de Kiribati.

Bakú. Capital de Azerbaiyán.

Bamako. Capital de Malí.

Bandar Seri Begawan. Capital de Brunéi Darussalam.

Bangkok. Capital de Tailandia.

Bangladesh. País de Asia. GENT. **bengalí.** CAP. **Dacca.**

Bangui. Capital de la República Centroafricana.

Banjul. Capital de Gambia.

Barbados. País de América, en el Caribe. GENT. **barbadense.** CAP. **Bridgetown.**

Basseterre. Capital de San Cristóbal y Nieves.

Beijing. Véase **Pekín.**

Beirut. Capital del Líbano.

Belarús. Véase **Bielorrusia.**

Bélgica. País de Europa. GENT. **belga.** CAP. **Bruselas.**

Belgrado. Capital de Yugoslavia.

Belice. País de América. GENT. **beliceño, ña.** CAP. **Belmopan.**

Belmopan. Capital de Belice.

Benín. País de África. GENT. **beninés, sa.** CAP. **Porto Novo.**

Berlín. Capital de Alemania. GENT. **berlinés, sa.**

Berna. Capital de Suiza.

Bhután. Véase **Bután.**

Bielorrusia. País de Europa. GENT. **bielorruso, sa.** CAP. **Minsk.**

Birmania. País de Asia, hoy Myanmar. GENT. **birmano, na.**

Bishkek. Capital de Kirguistán.

Bissáu. Capital de Guinea-Bissáu.

Bloemfontein. Una de las tres capitales de Sudáfrica.

Bolivia. País de América. GENT. **boliviano, na.** CAP. **La Paz.**

Bosnia-Herzegovina. País de Europa. GENT. **bosnio, nia.** CAP. **Sarajevo.**

Botsuana. País de África. GENT. **botsuano, na.** CAP. **Gaborone.**

Brasil (el). País de América. GENT. **brasileño, ña.** CAP. **Brasilia.**

Brasilia. Capital del Brasil.

Bratislava. Capital de Eslovaquia.

Brazzaville. Capital del Congo.

Bridgetown. Capital de Barbados.

Brunéi Darussalam. País de Asia. GENT. **bruneano, na.** CAP. **Bandar Seri Begawan.**

Bruselas. Capital de Bélgica. GENT. **bruselense.**

Bucarest. Capital de Rumanía.

Budapest. Capital de Hungría.

Buenos Aires. Capital de la Argentina. GENT. **porteño, ña.**

Bujumbura. Capital de Burundi.

Bulgaria. País de Europa. GENT. **búlgaro, ra.** CAP. **Sofía.**

Burkina Faso. País de África. CAP. **Uagadugú.**

Burundi. País de África. GENT. **burundés, sa.** CAP. **Bujumbura.**

Bután. País de Asia. GENT. **butanés, sa.** CAP. **Timbu.**

Cabo Verde. País de África, en el Atlántico. GENT. **caboverdiano, na.** CAP. **Praia.**

Cairo (El). Capital de Egipto. GENT. cairota.

Camboya. País de Asia. GENT. camboyano, na. CAP. Phnom Penh.

Camerún (el). País de África. GENT. camerunés, sa. CAP. Yaundé.

Canadá (el). País de América. GENT. canadiense. CAP. Ottawa.

Canberra. Capital de Australia.

Caracas. Capital de Venezuela. GENT. caraqueño, ña.

Castries. Capital de Santa Lucía.

Ceilán. País de Asia, hoy Sri Lanka. GENT. cingalés, sa.

Chad (el). País de África. GENT. chadiano, na. CAP. Yamena.

Chile. País de América. GENT. chileno, na. CAP. Santiago de Chile.

China. País de Asia. GENT. chino, na. CAP. Pekín.

Chipre. País de Asia, en el Mediterráneo. GENT. chipriota. CAP. Nicosia.

Chisinau. Véase Kishinev.

Ciudad de Guatemala. Capital de Guatemala.

Ciudad del Cabo. Una de las tres capitales de Sudáfrica.

Ciudad del Vaticano. País de Europa. GENT. vaticano, na.

Colombia. País de América. GENT. colombiano, na. CAP. Santafé de Bogotá.

Colombo. Capital de Sri Lanka.

Comoras (las). País de África, en el Índico. GENT. comorense. CAP. Moroni.

Conakry. Capital de Guinea.

Congo (el). País de África. GENT. congoleño, ña. CAP. Brazzaville.

Copenhague. Capital de Dinamarca.

Corea del Norte. País de Asia. GENT. norcoreano, na. CAP. Pyongyang.

Corea del Sur. País de Asia. GENT. surcoreano, na. CAP. Seúl.

Costa de Marfil. País de África. GENT. marfileño, ña. CAP. Abiyán.

Costa Rica. País de América. GENT. costarricense. CAP. San José.

Croacia. País de Europa. GENT. croata. CAP. Zagreb.

Cuba. País de América. GENT. cubano, na. CAP. La Habana.

Dacca. Capital de Bangladesh.

Dahomey. País de África, hoy Benín.

Dakar. Capital del Senegal.

Damasco. Capital de Siria. GENT. damasceno, na.

Dar es Salam. Capital de Tanzania.

Dhaka. Véase Dacca.

Dinamarca. País de Europa. GENT. danés, sa. CAP. Copenhague.

Doha. Capital de Qatar.

Dominica. País de América, en el Caribe. GENT. **dominiqués, sa.** CAP. **Roseau.**

Dublín. Capital de Irlanda. GENT. **dublinés, sa.**

Dushambé. Capital de Tayikistán.

Ecuador (el). País de América. GENT. **ecuatoriano, na.** CAP. **Quito.**

Egipto. País de África. GENT. **egipcio, cia.** CAP. **El Cairo.**

Eire. Véase **Irlanda.**

Emiratos Árabes Unidos (los). País de Asia. CAP. **Abu Dhabi.**

Ereván. Capital de Armenia.

Eritrea. País de África. GENT. **eritreo, a.** CAP. **Asmara.**

Eslovaquia. País de Europa. GENT. **eslovaco, ca.** CAP. **Bratislava.**

Eslovenia. País de Europa. GENT. **esloveno, na.** CAP. **Liubliana.**

España. País de Europa. GENT. **español, la.** CAP. **Madrid.**

Estados Unidos de América (los). País de América. GENT. **estadounidense.** CAP. **Washington D. C.** [71]

Estocolmo. Capital de Suecia.

Estonia. País de Europa. GENT. **estonio, nia.** CAP. **Tallin.**

Etiopía. País de África. GENT. **etíope.** CAP. **Addis Abeba.**

Filipinas. País de Asia. GENT. **filipino, na.** CAP. **Manila.**

Finlandia. País de Europa. GENT. **finlandés, sa.** CAP. **Helsinki.**

Fiyi. País de Oceanía. GENT. **fiyiano, na.** CAP. **Suva.**

Francia. País de Europa. GENT. **francés, sa.** CAP. **París.**

Freetown. Capital de Sierra Leona.

Funafuti. Capital de Tuvalu.

Gabón (el). País de África. GENT. **gabonés, sa.** CAP. **Libreville.**

Gaborone. Capital de Botsuana.

Gambia. País de África. GENT. **gambiano, na.** CAP. **Banjul.**

Georgetown. Capital de Guyana.

Georgia. País de Asia. GENT. **georgiano, na.** CAP. **Tiflis.**

Ghana. País de África. GENT. **ghanés, sa.** CAP. **Accra.**

Granada. País de América, en el Caribe. GENT. **granadino, na.** CAP. **Saint George.**

Grecia. País de Europa. GENT. **griego, ga.** CAP. **Atenas.**

---

[71] D. C.: District of Columbia.

Guatemala. País de América. GENT. guatemalteco, ca. CAP. Ciudad de Guatemala.

Guinea. País de África. GENT. guineano, na. CAP. Conakry.

Guinea-Bissáu. País de África. GENT. guineano, na. CAP. Bissáu.

Guinea Ecuatorial (la). País de África. GENT. ecuatoguineano, na. CAP. Malabo.

Guyana. País de América. GENT. guyanés, sa. CAP. Georgetown.

Habana (La). Capital de Cuba. GENT. habanero, ra.

Haití. País de América. GENT. haitiano, na. CAP. Puerto Príncipe.

Hanói. Capital de Vietnam.

Harare. Capital de Zimbabue.

Helsinki. Capital de Finlandia.

Holanda. Véase Países Bajos (los).

Honduras. País de América. GENT. hondureño, ña. CAP. Tegucigalpa.

Honiara. Capital de las Islas Salomón.

Hungría. País de Europa. GENT. húngaro, ra. CAP. Budapest.

India (la). País de Asia. GENT. indio, dia. CAP. Nueva Delhi.

Indonesia. País de Asia. GENT. indonesio, sia. CAP. Yakarta.

Irán. País de Asia. GENT. iraní. CAP. Teherán.

Iraq. País de Asia. GENT. iraquí. CAP. Bagdad.

Irlanda. País de Europa. GENT. irlandés, sa. CAP. Dublín.

Islamabad. Capital del Pakistán.

Islandia. País de Europa. GENT. islandés, sa. CAP. Reikiavik.

Islas Cook (las). País de Oceanía. CAP. Avarua.

Islas Marshall (las). País de Oceanía. GENT. marshalés, sa. CAP. Majuro.

Islas Salomón (las). País de Oceanía. GENT. salomonense. CAP. Honiara.

Israel. País de Asia. GENT. israelí. CAP. Jerusalén.

Italia. País de Europa. GENT. italiano, na. CAP. Roma.

Jamaica. País de América, en el Caribe. GENT. jamaiquino, na. CAP. Kingston.

Japón (el). País de Asia. GENT. japonés, sa. CAP. Tokio.

Jartum. Capital del Sudán.

Jerusalén. Capital de Israel. GENT. hierosolimitano, na.

Jordania. País de Asia. GENT. jordano, na. CAP. Ammán.

Kabul. Capital del Afganistán.

Kampala. Capital de Uganda.

Katmandú. Capital de Nepal.

Kazajstán. País de Asia. GENT. **kazako, ka.** CAP. **Astaná.**

Kenia. País de África. GENT. **keniata.** CAP. **Nairobi.**

Kiev. Capital de Ucrania.

Kigali. Capital de Ruanda.

Kingston. Capital de Jamaica.

Kingstown. Capital de San Vicente y las Granadinas.

Kinshasa. Capital de la República Democrática del Congo.

Kirguistán. País de Asia. GENT. **kirguís.** CAP. **Bishkek.**

Kiribati. País de Oceanía. GENT. **kiribatiano, na.** CAP. **Bairiki.**

Kishinev. Capital de Moldavia.

Kolonia. Capital de Micronesia.

Koror. Capital de Paláu.

Kuala Lumpur. Capital de Malasia.

Kuwait[1]. País de Asia. GENT. **kuwaití.** CAP. **Kuwait.**

Kuwait[2]. Capital de Kuwait.

Laos. País de Asia. GENT. **laosiano, na.** CAP. **Vientiane.**

Lesotho. País de África. GENT. **lesothense.** CAP. **Maseru.**

Letonia. País de Europa. GENT. **letón, na.** CAP. **Riga.**

Líbano (el). País de Asia. GENT. **libanés, sa.** CAP. **Beirut.**

Liberia. País de África. GENT. **liberiano, na.** CAP. **Monrovia.**

Libia. País de África. GENT. **libio, bia.** CAP. **Trípoli.**

Libreville. Capital del Gabón.

Liechtenstein. País de Europa. GENT. **liechtensteiniano, na.** CAP. **Vaduz.**

Lilongwe. Capital de Malawi.

Lima. Capital del Perú. GENT. **limeño, ña.**

Lisboa. Capital de Portugal. GENT. **lisboeta.**

Lituania. País de Europa. GENT. **lituano, na.** CAP. **Vilna.**

Liubliana. Capital de Eslovenia.

Lomé. Capital del Togo.

Londres. Capital del Reino Unido de Gran Bretaña e Irlanda del Norte. GENT. **londinense.**

Luanda. Capital de Angola.

Lusaka. Capital de Zambia.

Luxemburgo[1]. País de Europa. GENT. **luxemburgués, sa.** CAP. **Luxemburgo.**

Luxemburgo[2]. Capital de Luxemburgo. GENT. **luxemburgués, sa.**

Macedonia. País de Europa. GENT. **macedonio, nia.** CAP. **Skoplie.**

Madagascar. País de África, en el Índico. GENT. **malgache.** CAP. **Antananarivo.**

Madrid. Capital de España. GENT. **madrileño, ña.**

Majuro. Capital de las Islas Marshall.

Malabo. Capital de la Guinea Ecuatorial.

Malasia. País de Asia. GENT. **malasio, sia.** CAP. **Kuala Lumpur.**

Malawi. País de África. GENT. **malawiano, na.** CAP. **Lilongwe.**

Maldivas. País de Asia, en el Índico. GENT. **maldivo, va.** CAP. **Malé.**

Malé. Capital de Maldivas.

Malí. País de África. GENT. **malí.** CAP. **Bamako.**

Malta. País de Europa. GENT. **maltés, sa.** CAP. **La Valeta.**

Managua. Capital de Nicaragua. GENT. **managüense.**

Manama. Capital de Bahréin.

Manila. Capital de Filipinas. GENT. **manileño, ña.**

Maputo. Capital de Mozambique.

Marruecos. País de África. GENT. **marroquí.** CAP. **Rabat.**

Mascate. Capital de Omán.

Maseru. Capital de Lesotho.

Mauricio. País de África, en el Índico. GENT. **mauriciano, na.** CAP. **Port-Louis.**

Mauritania. País de África. GENT. **mauritano, na.** CAP. **Nuakchot.**

Mbabane. Capital de Suazilandia.

Méjico. Véase **México.**

México. País de América. GENT. **mexicano, na.** CAP. **México D. F.**

México D. F. Capital de México.

Micronesia. País de Oceanía. GENT. **micronesio, sia.** CAP. **Kolonia.**

Minsk. Capital de Bielorrusia.

Mogadiscio. Capital de Somalia.

Moldavia. País de Europa. GENT. **moldavo, va.** CAP. **Kishinev.**

Mónaco[1]. País de Europa. GENT. **monegasco, ca.** CAP. **Mónaco.**

Mónaco[2]. Capital de Mónaco.

Mongolia. País de Asia. GENT. **mongol, la.** CAP. **Ulan Bator.**

Monrovia. Capital de Liberia.

Montevideo. Capital de Uruguay. GENT. **montevideano, na.**

Moroni. Capital de las Comoras.

Moscú. Capital de Rusia. GENT. **moscovita.**

Mozambique. País de África. GENT. **mozambiqueño, ña.** CAP. **Maputo.**

Myanmar. País de Asia. GENT. **birmano, na.** CAP. **Rangún.**

Nairobi. Capital de Kenia.
Namibia. País de África. GENT. namibio, bia. CAP. Windhoek.
Nassáu. Capital de las Bahamas.
Nauru. País de Oceanía. GENT. nauruano, na. CAP. Yaren.
Nepal. País de Asia. GENT. nepalés, sa. CAP. Katmandú.
Niamey. Capital de Níger.
Nicaragua. País de América. GENT. nicaragüense. CAP. Managua.
Nicosia. Capital de Chipre.
Níger. País de África. GENT. nigerino, na. CAP. Niamey.
Nigeria. País de África. GENT. nigeriano, na. CAP. Abuja.
Noruega. País de Europa. GENT. noruego, ga. CAP. Oslo.
Nuakchot. Capital de Mauritania.
Nueva Delhi. Capital de la India.
Nueva Zelanda o Nueva Zelandia. País de Oceanía. GENT. neozelandés,
    sa. CAP. Wellington.
Nukúalofa. Capital de Tonga.
Nyamena. Véase Yamena.

Omán. País de Asia. GENT. omaní. CAP. Mascate.
Oslo. Capital de Noruega.
Ottawa. Capital del Canadá.

Países Bajos (los). País de Europa. GENT. neerlandés, sa. CAP. Amsterdam.
Pakistán (el). País de Asia. GENT. pakistaní. CAP. Islamabad.
Paláu. País de Oceanía. GENT. palauano, na. CAP. Koror.
Panamá[1]. País de América. GENT. panameño, ña. CAP. Panamá.
Panamá[2]. Capital de Panamá. GENT. panameño, ña.
Papúa Nueva Guinea. País de Oceanía. GENT. papú. CAP. Port Moresby.
Paraguay (el). País de América. GENT. paraguayo, ya. CAP. Asunción.
Paramaribo. Capital de Surinam.
París. Capital de Francia. GENT. parisiense.
Paz (La). Capital de Bolivia. GENT. paceño, ña.
Pekín o Pequín. Capital de China. GENT. pekinés, sa.
Persia. País de Asia, hoy Irán. GENT. persa.
Perú (el). País de América. GENT. peruano, na. CAP. Lima.
Phnom Penh. Capital de Camboya.
Polonia. País de Europa. GENT. polaco, ca. CAP. Varsovia.
Port-Louis. Capital de Mauricio.

Port Moresby. Capital de Papúa Nueva Guinea.
Porto Novo. Capital de Benín.
Portugal. País de Europa. GENT. **portugués, sa.** CAP. **Lisboa.**
Port Vila. Capital de Vanuatu.
Praga. Capital de la República Checa. GENT. **praguense.**
Praia. Capital de Cabo Verde.
Pretoria. Una de las tres capitales de Sudáfrica.
Puerto España. Capital de Trinidad y Tobago.
Puerto Príncipe. Capital de Haití.
Puerto Rico. País de América. GENT. **puertorriqueño, ña.** CAP. **San Juan.**
Pyongyang. Capital de Corea del Norte.

Qatar. País de Asia. GENT. **catarí.** CAP. **Doha.**
Quito. Capital del Ecuador. GENT. **quiteño, ña.**

Rabat. Capital de Marruecos.
Rangún. Capital de Myanmar.
Reikiavik. Capital de Islandia.
Reino Unido de Gran Bretaña e Irlanda del Norte (el). País de Europa. GENT. **británico, ca.** CAP. **Londres.**
República Centroafricana (la). País de África. GENT. **centroafricano, na.** CAP. **Bangui.**
República Checa (la). País de Europa. GENT. **checo, ca.** CAP. **Praga.**
República Democrática del Congo (la). País de África. GENT. **congoleño, ña.** CAP. **Kinshasa.**
República Dominicana (la). País de América. GENT. **dominicano, na.** CAP. Santo Domingo.
Rhodesia. País de África, hoy Zambia y Zimbabue.
Riad. Capital de Arabia Saudí.
Riga. Capital de Letonia.
Roma. Capital de Italia. GENT. **romano, na.**
Roseau. Capital de Dominica.
Ruanda. País de África. GENT. **ruandés, sa.** CAP. **Kigali.**
Rumanía o Rumania. País de Europa. GENT. **rumano, na.** CAP. **Bucarest.**
Rusia. País de Europa. GENT. **ruso, sa.** CAP. **Moscú.**

Saint George. Capital de Granada, país de América.
Saint John. Capital de Antigua y Barbuda.

Salvador (El). País de América. GENT. salvadoreño, ña. CAP. San Salvador.

Samoa. País de Oceanía. GENT. samoano, na. CAP. Apia.

Sanaa. Capital del Yemen.

San Cristóbal y Nieves. País de América, en el Caribe. GENT. sancristobaleño, ña. CAP. Basseterre.

San José. Capital de Costa Rica. GENT. josefino, na.

San Juan. Capital de Puerto Rico. GENT. sanjuanero, ra.

San Marino[1]. País de Europa. GENT. sanmarinense. CAP. San Marino.

San Marino[2]. Capital de San Marino.

San Salvador. Capital de El Salvador.

Santafé de Bogotá. Capital de Colombia. GENT. bogotano, na.

Santa Lucía. País de América, en el Caribe. GENT. santalucense. CAP. Castries.

Santiago de Chile. Capital de Chile. GENT. santiaguino, na.

Santo Domingo. Capital de la República Dominicana. GENT. dominicano, na.

Santo Tomé. Capital de Santo Tomé y Príncipe.

Santo Tomé y Príncipe. País de África, en el Atlántico. GENT. santotomense. CAP. Santo Tomé.

San Vicente y las Granadinas. País de América, en el Caribe. GENT. sanvicentino, na. CAP. Kingstown.

Sarajevo. Capital de Bosnia-Herzegovina.

Senegal (el). País de África. GENT. senegalés, sa. CAP. Dakar.

Seúl. Capital de Corea del Sur.

Seychelles. País de África, en el Índico. GENT. seychellense. CAP. Victoria.

Siam. País de Asia, hoy Tailandia. GENT. siamés, sa.

Sierra Leona. País de África. GENT. sierraleonés, sa. CAP. Freetown.

Singapur[1]. País de Asia. GENT. singapurense. CAP. Singapur.

Singapur[2]. Capital de Singapur.

Siria. País de Asia. GENT. sirio, ria. CAP. Damasco.

Skoplie. Capital de Macedonia.

Sofía. Capital de Bulgaria.

Somalia. País de África. GENT. somalí. CAP. Mogadiscio.

Sri Jayewardenepura Kotte. Véase Colombo.

Sri Lanka. País de Asia, en el Índico. GENT. cingalés, sa. CAP. Colombo.

Suazilandia. País de África. GENT. suazi. CAP. Mbabane.

Sudáfrica. País de África. GENT. sudafricano, na. CAPS. Bloemfontein, Ciudad del Cabo y Pretoria.

Sudán (el). País de África. GENT. sudanés, sa. CAP. Jartum.

Suecia. País de Europa. GENT. sueco, ca. CAP. Estocolmo.

Suiza. País de Europa. GENT. **suizo, za.** CAP. **Berna.**
Surinam. País de América. GENT. **surinamés, sa.** CAP. **Paramaribo.**
Suva. Capital de Fiyi.

Tailandia. País de Asia. GENT. **tailandés, sa.** CAP. **Bangkok.**
Tallin. Capital de Estonia.
Tanzania. País de África. GENT. **tanzano, na.** CAP. **Dar es Salam.**
Tashkent. Capital de Uzbekistán.
Tayikistán. País de Asia. GENT. **tayiko, ka.** CAP. **Dushambé.**
Tbilisi. Véase **Tiflis.**
Tegucigalpa. Capital de Honduras. GENT. **tegucigalpense.**
Teherán. Capital de Irán.
Tiflis. Capital de Georgia.
Timbu. Capital de Bután.
Tirana. Capital de Albania.
Togo (el). País de África. GENT. **togolés, sa.** CAP. **Lomé.**
Tokio. Capital del Japón.
Tonga. País de Oceanía. GENT. **tongano, na.** CAP. **Nukúalofa.**
Trinidad y Tobago. País de América, en el Caribe. GENT. **trinitense.** CAP. **Puerto España.**
Trípoli. Capital de Libia. GENT. **tripolitano, na.**
Túnez[1]. País de África. GENT. **tunecino, na.** CAP. **Túnez.**
Túnez[2]. Capital de Túnez. GENT. **tunecino, na.**
Turkmenistán. País de Asia. GENT. **turcomano, na.** CAP. **Achkabad.**
Turquía. País de Europa y Asia. GENT. **turco, ca.** CAP. **Ankara.**
Tuvalu. País de Oceanía. GENT. **tuvaluano, na.** CAP. **Funafuti.**

Uagadugú. Capital de Burkina Faso.
Ucrania. País de Europa. GENT. **ucraniano, na.** CAP. **Kiev.**
Uganda. País de África. GENT. **ugandés, sa.** CAP. **Kampala.**
Ulan Bator. Capital de Mongolia.
Uruguay. País de América. GENT. **uruguayo, ya.** CAP. **Montevideo.**
Uzbekistán. País de Asia. GENT. **uzbeko, ka.** CAP. **Tashkent.**

Vaduz. Capital de Liechtenstein.
Valeta (La). Capital de Malta.
Vanuatu. País de Oceanía. GENT. **vanuatuense.** CAP. **Port Vila.**
Varsovia. Capital de Polonia. GENT. **varsoviano, na.**

Venezuela. País de América. GENT. venezolano, na. CAP. Caracas.
Victoria. Capital de Seychelles.
Viena. Capital de Austria. GENT. vienés, sa.
Vientiane. Capital de Laos.
Vietnam. País de Asia. GENT. vietnamita. CAP. Hanói.
Vilna. Capital de Lituania.

Washington D. C. Capital de los Estados Unidos de América. GENT.
    washingtoniano, na.
Wellington. Capital de Nueva Zelanda.
Windhoek. Capital de Namibia.

Yakarta. Capital de Indonesia.
Yamena. Capital del Chad.
Yangon. Véase Rangún.
Yaren. Capital de Nauru.
Yaundé. Capital del Camerún.
Yemen (el). País de Asia. GENT. yemení. CAP. Sanaa.
Yibuti[1]. País de África. GENT. yibutiano, na. CAP. Yibuti.
Yibuti[2]. Capital de Yibuti.
Yugoslavia. País de Europa. GENT. yugoslavo, va. CAP. Belgrado.

Zagreb. Capital de Croacia.
Zaire (el). País de África, hoy República Democrática del Congo. GENT.
    zaireño, ña.
Zambia. País de África. GENT. zambiano, na. CAP. Lusaka.
Zimbabue. País de África. GENT. zimbabuense. CAP. Harare.

APÉNDICE 3

Topónimos cuya versión tradicional en castellano difiere de la original

Contiene:

- Topónimos cuyos nombres en español varían con respecto al que reciben en la lengua de su país de origen, siempre que esta se transcriba en el alfabeto latino universal. Se indica, en cada caso, la correspondencia en la lengua original (y en otras, cuando es pertinente).

- Topónimos españoles —con documentación que avala su empleo tradicional en castellano [72]— correspondientes a nombres distintos en alguna de las otras lenguas de España. Se trata, en general, de municipios de más de 10 000 habitantes [73].

---

[72] Documentación que se remonta, al menos, a obras como el *Diccionario geográfico-estadístico-histórico* (1847-50), de Pascual Madoz, o la *Enciclopedia Universal Ilustrada* (1908-30), de la editorial Espasa.

[73] Se han tomado como base las ediciones de 1995 y 1998 de la obra *Entidades Locales en España*, publicada por el Ministerio de Administraciones Públicas, donde figura la relación oficial de tales entidades, con los nombres que estas han preferido registrar.

En estos casos también se recogen las correspondencias empleadas en las mencionadas lenguas[74].

Aachen. Véase **Aquisgrán.**

Aargau. Véase **Argovia.**

Abruzos (los). Región de Italia (it. *Abruzzi*).

Abruzzi. Véase **Abruzos (los).**

Açores (ilhas dos). Véase **Azores (islas).**

Admiralty Islands. Véase **Almirantazgo (islas del).**

Aix-la-Chapelle. Véase **Aquisgrán.**

Alacant. Véase **Alicante.**

Alacuás. Municipio de España (val. *Alaquàs*).

Alaquàs. Véase **Alacuás.**

Álava. Provincia de España (vasc. *Araba*).

Alcira. Municipio de España (val. *Alzira*).

Alcoi. Véase **Alcoy.**

Alcoy. Municipio de España (val. *Alcoi*).

Alcudia. Municipio de España (cat. *Alcúdia*).

Alcúdia. Véase **Alcudia.**

Aldaia. Véase **Aldaya.**

Aldaya. Municipio de España (val. *Aldaia*).

Alemtejo. Véase **Alentejo.**

Alençon. Véase **Alenzón.**

Alentejo. Región de Portugal (port. *Alemtejo*).

Alenzón. Ciudad de Francia (fr. *Alençon*).

Aleutianas (islas). Archipiélago de EE. UU., en el Pacífico (ingl. *Aleutian Islands*).

---

[74] Abreviaturas usadas en este apéndice:

al.:	alemán	cat.:	catalán
D. C.:	District of Columbia	D. F.:	Distrito Federal
EE. UU.:	Estados Unidos de América	fr.:	francés
gall.:	gallego	ingl.:	inglés
it.:	italiano	neerl.:	neerlandés
port.:	portugués	val.:	valenciano
vasc.:	vascuence		

La Real Academia Española no participa en polémicas sobre el nombre que se prefiera aplicar a las lenguas y dialectos españoles o extranjeros. Para este *apéndice* se atiene, en los casos que así lo aconsejan, a los textos oficiales de los distintos estatutos de las comunidades autónomas españolas.

Aleutian Islands. Véase **Aleutianas (islas)**.

Alfàs del Pi (L'). Véase **Alfaz del Pi**.

Alfaz del Pi. Municipio de España (val. *L'Alfàs del Pi*).

Alicante. Ciudad y provincia de España (val. *Alacant*, solo para la ciudad).

Almassora. Véase **Almazora**.

Almazora. Municipio de España (val. *Almassora*).

Almirantazgo (islas del). Islas de Papúa Nueva Guinea, en el Pacífico (ingl. *Admiralty Islands*).

Alsace. Véase **Alsacia**.

Alsacia. Región de Francia (fr. *Alsace*).

Alzira. Véase **Alcira**.

Amberes. Ciudad de Bélgica (neerl. *Antwerpen*; fr. *Anvers*).

Anglonormandas (islas). Archipiélago del Reino Unido, en el canal de la Mancha (ingl. *Channel Islands*; fr. *Îles Anglo-Normandes*).

Anglo-Normandes (Îles). Véase **Anglonormandas (islas)**.

Angoulême. Véase **Angulema**.

Angulema. Ciudad de Francia (fr. *Angoulême*).

Antwerpen. Véase **Amberes**.

Anvers. Véase **Amberes**.

Apalaches (montes). Sistema montañoso de EE. UU. (ingl. *Appalachian Mountains*).

Appalachian Mountains. Véase **Apalaches (montes)**.

Apulia. Región de Italia (it. *Puglia*). Véase **Pulla (la)**.

Aquilea. Ciudad de Italia (it. *Aquileia*).

Aquileia. Véase **Aquilea**.

Aquisgrán. Ciudad de Alemania (al. *Aachen*; fr. *Aix-la-Chapelle*).

Aquitaine. Véase **Aquitania**.

Aquitania. Región de Francia (fr. *Aquitaine*).

Araba. Véase **Álava**.

Ardeal. Véase **Transilvania**.

Ardenas (las). Región de Francia, Bélgica y Luxemburgo (fr. *l'Ardenne* o *les Ardennes*).

Ardenne (l') o *les Ardennes.* Véase **Ardenas (las)**.

Argovia. Cantón de Suiza (al. *Aargau*).

Armagnac. Véase **Armañac**.

Armañac. Antiguo condado de Francia (fr. *Armagnac*).

Arrasate. Véase **Mondragón**.

Arteijo. Municipio de España (gall. *Arteixo*).

Arteixo. Véase **Arteijo**.

Ascension Island. Véase **Ascensión (isla)**.

Ascensión (isla). Isla del Reino Unido, en el Atlántico (ingl. *Wildeawake Island* o *Ascension Island*).

Asís. Ciudad de Italia (it. *Assisi*).

Assisi. Véase **Asís.**

Augsburg. Véase **Augsburgo.**

Augsburgo. Ciudad de Alemania (al. *Augsburg*).

Auvergne. Véase **Auvernia.**

Auvernia. Región de Francia (fr. *Auvergne*).

Avignon. Véase **Aviñón.**

Aviñón. Ciudad de Francia (fr. *Avignon*).

Azcoitia. Municipio de España (vasc. *Azkoitia*).

Azkoitia. Véase **Azcoitia.**

Azores (islas). Archipiélago de Portugal, en el Atlántico (port. *ilhas dos Açores*).

Baiona. Véase **Bayona**[1].

Baja Sajonia. Estado de Alemania (al. *Niedersachsen*).

Bâle. Véase **Basilea.**

Baleares (islas). Archipiélago del Mediterráneo, que constituye una comunidad autónoma de España (cat. *illes Balears*).

Balears (illes). Véase **Baleares (islas).**

Banyoles. Véase **Bañolas.**

Bañolas. Municipio de España (cat. *Banyoles*).

Baracaldo. Municipio de España (vasc. *Barakaldo*).

Barakaldo. Véase **Baracaldo.**

Basel. Véase **Basilea.**

Basilea. Ciudad de Suiza (al. *Basel*; fr. *Bâle*).

Baviera. Estado de Alemania (al. *Bayern*).

Bayern. Véase **Baviera.**

Bayona[1]. Municipio de España (gall. *Baiona*).

Bayona[2]. Ciudad de Francia (fr. *Bayonne*).

Bayonne. Véase **Bayona**[2].

Béarn. Véase **Bearne.**

Bearne. Región histórica de Francia (fr. *Béarn*).

Benetúser. Municipio de España (val. *Benetússer*).

Benetússer. Véase **Benetúser.**

Benifaió. Véase **Benifayó.**

Benifayó. Municipio de España (val. *Benifaió*).

Bergara. Véase **Vergara.**

Besançon. Véase **Besanzón.**
Besanzón. Ciudad de Francia (fr. *Besançon*).
Bizkaia. Véase **Vizcaya.**
Bodensee. Véase **Constanza**[1].
Bohemia. Región de la República Checa (al. *Böhmen;* checo *Cechy*).
Böhmen. Véase **Bohemia.**
Bologna. Véase **Bolonia.**
Bolonia. Ciudad de Italia (it. *Bologna*).
Bordeaux. Véase **Burdeos.**
Borgoña. Región de Francia (fr. *Bourgogne*).
Bourgogne. Véase **Borgoña.**
Brabant. Véase **Brabante.**
Brabante. Región de Bélgica y los Países Bajos (neerl. y fr. *Brabant*).
Bragança. Véase **Braganza.**
Braganza. Ciudad de Portugal (port. *Bragança*).
Brandeburgo, Brandemburgo, Brandenburgo. Región de Alemania (al. *Brandenburg*).
Brandenburg. Véase **Brandeburgo.**
Brema. Estado de Alemania (al. *Bremen*).
Bremen. Véase **Brema.**
Bretagne. Véase **Bretaña.**
Bretaña. Región de Francia (fr. *Bretagne*).
Bruges. Véase **Brujas.**
Brugge. Véase **Brujas.**
Brujas. Ciudad de Bélgica (neerl. *Brugge;* fr. *Bruges*).
Burdeos. Ciudad de Francia (fr. *Bordeaux*).
Burjasot. Municipio de España (val. *Burjassot*).
Burjassot. Véase **Burjasot.**

Caimán (islas). Archipiélago del Reino Unido, en el Caribe (ingl. *Cayman Islands*).
Calp. Véase **Calpe.**
Calpe. Municipio de España (val. *Calp*).
Calviá. Municipio de España (cat. *Calvià*).
Calvià. Véase **Calviá.**
Cambrai. Véase **Cambray.**
Cambray. Ciudad de Francia (fr. *Cambrai*).
Çanakkale Bogazi. Véase **Dardanelos (estrecho de los).**
Carballino. Municipio de España (gall. *O Carballiño*).

Carballiño (O). Véase **Carballino**.

Carcagente. Municipio de España (val. *Carcaixent*).

Carcaixent. Véase **Carcagente**.

Carcasona. Ciudad de Francia (fr. *Carcassonne*).

Carcassonne. Véase **Carcasona**.

Carelia. Región de Europa, entre Rusia y Finlandia (finés *Karjala*).

Carintia. Región de Europa central (al. *Kärnten*).

Carolina del Norte. Estado de EE. UU. (ingl. *North Carolina*).

Carolina del Sur. Estado de EE. UU. (ingl. *South Carolina*).

Carolinas (islas). Archipiélago, que comprende Paláu y Micronesia, en el Pacífico (ingl. *Caroline Islands*).

Caroline Islands. Véase **Carolinas (islas)**.

Castelló de la Plana. Véase **Castellón de la Plana**.

Castellón de la Plana. Ciudad y provincia de España (val. *Castelló de la Plana*, solo para la ciudad).

Catalunya. Véase **Cataluña**.

Cataluña. Comunidad autónoma de España (cat. *Catalunya*).

Cayman Islands. Véase **Caimán (islas)**.

Cechy. Véase **Bohemia**.

Célebes. Isla de Indonesia, en el Pacífico (indonesio *Sulawesi*).

Cerdeña. Isla de Italia, en el Mediterráneo (it. *Sardegna*).

Cerignola. Véase **Ceriñola**.

Ceriñola. Ciudad de Italia (it. *Cerignola*).

Cervin. Véase **Cervino (monte)**.

Cervino (monte). Pico de los Alpes (al. *Matterhorn*; fr. *Cervin*).

Champagne. Véase **Champaña**.

Champaña. Región de Francia (fr. *Champagne*).

Channel Islands. Véase **Anglonormandas (islas)**.

Cherbourg. Véase **Cherburgo**.

Cherburgo. Ciudad de Francia (fr. *Cherbourg*).

Ciudadela. Municipio de España (cat. *Ciutadella de Menorca*).

Ciutadella de Menorca. Véase **Ciudadela**.

Cléveris. Ciudad de Alemania (al. *Kleve*).

Coblenza. Ciudad de Alemania (al. *Koblenz*).

Coco Islands. Véase **Cocos (islas)**.

Cocos (islas). Archipiélago de Australia, en el Índico (ingl. *Keeling Islands* o *Coco Islands*).

Collioure. Véase **Colliure**.

Colliure. Ciudad de Francia (fr. *Collioure*).

Colonia. Ciudad de Alemania (al. *Köln*).

Constanţa. Véase **Constanza³**.

Constanza¹. Lago situado entre Suiza, Austria y Alemania (al. *Bodensee*).

Constanza². Ciudad de Alemania (al. *Konstanz*).

Constanza³. Ciudad de Rumanía (rumano *Constanţa*).

Córcega. Isla de Francia, en el Mediterráneo (fr. *Corse*).

Cornualles. Región del Reino Unido (ingl. *Cornwall*).

Cornwall. Véase **Cornualles**.

Corse. Véase **Córcega**.

Coruña (A). Véase **Coruña (La)**.

Coruña (La). Ciudad y provincia de España (gall. *A Coruña*).

Costa Azul. Parte de la costa francesa del Mediterráneo (fr. *Côte d'Azur*).

Côte d'Azur. Véase **Costa Azul**.

Cracovia. Ciudad de Polonia (polaco *Kraków;* al. *Krakau*).

Cuart de Poblet. Municipio de España (val. *Quart de Poblet*).

Cuatro Cantones (lago de los). Lago de Suiza (al. *Vierwaldstätter See*). Véase **Lucerna (lago de)**.

Curaçao. Véase **Curazao**.

Curazao, Curasao. Isla de las Antillas Neerlandesas, en el Caribe (port. *Curaçao*).

Dakota del Norte. Estado de EE. UU. (ingl. *North Dakota*).

Dakota del Sur. Estado de EE. UU. (ingl. *South Dakota*).

Dalmacia. Región de Croacia (croata *Dalmacija*).

Dalmacija. Véase **Dalmacia**.

Dantzig. Véase **Dánzig**.

Danubio. Río de Europa (al. *Donau;* eslovaco *Dunaj;* húngaro *Duna;* rumano *Dunarea*).

Dánzig. Ciudad de Polonia, hoy Gdansk (al. *Dantzig*).

Dardanelos (estrecho de los). Estrecho entre Europa y Asia, en Turquía (turco *Çanakkale Bogazi*).

Dauphiné. Véase **Delfinado**.

Delfinado. Región histórica de Francia (fr. *Dauphiné*).

Denia. Municipio de España (val. *Dénia*).

Dénia. Véase **Denia**.

Dobrogea. Véase **Dobruja**.

Dobruja, Dobruya. Región de Rumanía y Bulgaria (rumano *Dobrogea*).

Donau. Véase **Danubio**.

Donostia. Véase **San Sebastián**.

Dordogne. Véase **Dordoña**.

Dordoña. Río de Francia. También departamento de Francia (fr. *Dordogne*).

Dos Puentes. Ciudad de Alemania (al. *Zweibrücken*).

Drau. Véase **Drava**.

Drava. Río de Europa (al. *Drau*).

Dresde. Ciudad de Alemania (al. *Dresden*).

Dresden. Véase **Dresde**.

Duna. Véase **Danubio**.

Dunaj. Véase **Danubio**.

Dunarea. Véase **Danubio**.

Edimburgo. Ciudad del Reino Unido (ingl. *Edinburgh*).

Edinburgh. Véase **Edimburgo**.

Eibar. Véase **Éibar**.

Éibar. Municipio de España (vasc. *Eibar*).

Eivissa. Véase **Ibiza**.

Elba. Río de Alemania y de la República Checa (al. *Elbe*; checo *Labe*).

Elbe. Véase **Elba**.

Elche. Municipio de España (val. *Elx*).

Elsinor. Ciudad de Dinamarca (danés *Helsingør*).

Elx. Véase **Elche**.

Emilia o *Emilia-Romagna*. Véase **Emilia-Romaña**.

Emilia-Romaña. Región de Italia (it. *Emilia-Romagna* o *Emilia*).

England. Véase **Inglaterra**.

Errenteria. Véase **Rentería**.

Escalda. Río de Francia, Bélgica y los Países Bajos (fr. *Escaut*; neerl. *Schelde*).

Escaut. Véase **Escalda**.

Escocia. Parte del Reino Unido, al norte de Gran Bretaña (ingl. *Scotland*).

Eslavonia. Región de Croacia (croata *Slavonija*).

Esparraguera. Municipio de España (cat. *Esparreguera*).

Esparreguera. Véase **Esparraguera**.

Esplugas de Llobregat. Municipio de España (cat. *Esplugues de Llobregat*).

Esplugues de Llobregat. Véase **Esplugas de Llobregat**.

Estambul. Ciudad de Turquía (turco *İstanbul*).

Estella. Municipio de España (vasc. *Lizarra*).

Estiria. Provincia de Austria (al. *Steiermark*).

Estrada (A). Véase **Estrada (La)**.

Estrada (La). Municipio de España (gall. *A Estrada*).

Estrasburgo. Ciudad de Francia (fr. *Strasbourg*; al. *Strassburg*).

Estrómboli. Isla y volcán de Italia (it. *Stromboli*).

Euskadi. Véase **País Vasco**.

Faerøerne. Véase **Feroe (islas)**.

Feroe, Feroé (islas). Archipiélago de Dinamarca, en el Atlántico (danés *Faerøerne*).

Figueras. Municipio de España (cat. *Figueres*).

Figueres. Véase **Figueras**.

Filadelfia. Ciudad de EE. UU. (ingl. *Philadelphia*).

Firenze. Véase **Florencia**.

Flandes. Región histórica de Europa (fr. *Flandre* o *Flandres*; neerl. *Vlaanderen*).

Flandre. Véase **Flandes**.

Flandres. Véase **Flandes**.

Florencia. Ciudad de Italia (it. *Firenze*).

Fráncfort del Meno. Ciudad de Alemania (al. *Frankfurt* o *Frankfurt am Main*). Véase **Frankfurt**[1].

Fráncfort del Óder. Ciudad de Alemania (al. *Frankfurt* o *Frankfurt an der Oder*). Véase **Frankfurt**[2].

Franche-Comté. Véase **Franco Condado**.

Franco Condado. Región histórica de Francia (fr. *Franche-Comté*).

Franconia. Región histórica de Alemania (al. *Franken*).

Franken. Véase **Franconia**.

Frankfurt[1]. Ciudad de Alemania (al. *Frankfurt* o *Frankfurt am Main*). Véase **Fráncfort del Meno**.

Frankfurt[2]. Ciudad de Alemania (al. *Frankfurt* o *Frankfurt an der Oder*). Véase **Fráncfort del Óder**.

Frankfurt am Main. Véase **Fráncfort del Meno** y **Frankfurt**[1].

Frankfurt an der Oder. Véase **Fráncfort del Óder** y **Frankfurt**[2].

Freiburg. Véase **Friburgo**[1].

Freiburg im Breisgau. Véase **Friburgo**[2].

Friburgo[1]. Ciudad y cantón de Suiza (al. *Freiburg*).

Friburgo[2], **Friburgo de Brisgovia**. Ciudad de Alemania (al. *Freiburg im Breisgau*).

Friesland. Véase **Frisia**.

Frisia. Región de los Países Bajos y Alemania (al. y neerl. *Friesland*).

Fuenterrabía. Municipio de España (vasc. *Hondarribia*).

Galdácano. Municipio de España (vasc. *Galdakao*).

Galdakao. Véase **Galdácano**.

Gales. Parte del Reino Unido, en el oeste de Gran Bretaña (ingl. *Wales*).

Galicia, Galitzia. Región de Europa central (polaco *Halicz*).

Gallípoli. Ciudad de Turquía (turco *Gelibolu*).

Gand. Véase **Gante.**

Gandia. Véase **Gandía.**

Gandía. Municipio de España (val. *Gandia*).

Gante. Ciudad de Bélgica (neerl. *Gent;* fr. *Gand*).

Garona. Río de Francia (fr. *Garonne*).

Garonne. Véase **Garona.**

Gascogne. Véase **Gascuña.**

Gascuña. Región histórica de Francia (fr. *Gascogne*).

Gasteiz. Véase **Vitoria.**

Gavá. Municipio de España (cat. *Gavà*).

Gavà. Véase **Gavá.**

Gelderland. Véase **Güeldres.**

Gelibolu. Véase **Gallípoli.**

Genève. Véase **Ginebra.**

Genf. Véase **Ginebra.**

Gent. Véase **Gante.**

Gernika-Lumo. Véase **Guernica y Luno.**

Gernsey. Véase **Guernesey.**

Gerona. Ciudad y provincia de España (cat. *Girona*).

Getxo. Véase **Guecho.**

Ginebra. Ciudad de Suiza (fr. *Genève;* al. *Genf;* it. *Ginevra*).

Ginevra. Véase **Ginebra.**

Gipuzkoa. Véase **Guipúzcoa.**

Girona. Véase **Gerona.**

Gironda. Departamento de Francia (fr. *Gironde*).

Gironde. Véase **Gironda.**

Göteborg. Véase **Gotemburgo.**

Gotemburgo. Ciudad de Suecia (sueco *Göteborg*).

Gotinga. Ciudad de Alemania (al. *Göttingen*).

Göttingen. Véase **Gotinga.**

Granadinas (islas). Archipiélago dependiente de Granada y de San Vicente y las Granadinas, en el Caribe (ingl. *Grenadines Islands*).

Graubünden. Véase **Grisones (los).**

Grenadines Islands. Véase **Granadinas (islas).**

Grigioni. Véase **Grisones (los).**

Grishun. Véase **Grisones (los).**

Grisones (los). Cantón de Suiza (al. *Graubünden;* fr. *Grisons;* it. *Grigioni;* rético *Grishun*).

Grisons. Véase **Grisones (los).**

Groenlandia. Isla de Dinamarca, en el Atlántico (danés *Grønland*).

Groninga. Ciudad de los Países Bajos (neerl. *Groningen*).

Groningen. Véase **Groninga.**

Grønland. Véase **Groenlandia.**

Grove (El). Municipio de España (gall. *O Grove*).

Grove (O). Véase **Grove (El).**

Guecho. Municipio de España (vasc. *Getxo*).

Güeldres. Provincia de los Países Bajos (neerl. *Gelderland*).

Guernesey. Isla del Reino Unido, en el archipiélago anglonormando (ingl. *Gernsey*).

Guernica y Luno. Municipio de España (vasc. *Gernika-Lumo*).

Guipúzcoa. Provincia de España (vasc. *Gipuzkoa*).

Haag (Den). Véase **Haya (La).**

Halicz. Véase **Galicia.**

Hamburg. Véase **Hamburgo.**

Hamburgo. Ciudad de Alemania (al. *Hamburg*).

Havre (El). Ciudad de Francia (fr. *Le Havre*).

Havre (Le). Véase **Havre (El).**

Hawái. Archipiélago, que constituye un estado de EE. UU., en el Pacífico. También la mayor de las islas de este archipiélago (ingl. *Hawaii*).

Hawaii. Véase **Hawái.**

Haya (La). Ciudad de los Países Bajos (neerl. *Den Haag* o '*s-Gravenhage*).

Hébridas (las). Archipiélago del Reino Unido, en el Atlántico (ingl. *the Hebrides*).

Hebrides (the). Véase **Hébridas (las).**

Helsingør. Véase **Elsinor.**

Hesse. Estado de Alemania (al. *Hessen*).

Hessen. Véase **Hesse.**

Hondarribia. Véase **Fuenterrabía.**

Ibiza. Ciudad e isla de España, en el archipiélago balear (cat. *Eivissa*).

Île de France. Véase **Isla de Francia.**

Inglaterra. Parte del Reino Unido, en el centro y sur de Gran Bretaña (ingl. *England*).

Irun. Véase **Irún.**

Irún. Municipio de España (vasc. *Irun*).

Iruña. Véase **Pamplona.**

Isla de Francia. Región histórica de Francia (fr. *Île de France*).

İstanbul. Véase **Estambul.**

Játiva. Municipio de España (val. *Xàtiva*).
Jávea. Municipio de España (val. *Xàbia*).
Johannesburg. Véase **Johannesburgo**.
Johannesburgo. Ciudad de Sudáfrica (ingl. *Johannesburg*).
Jutlandia. Península de Dinamarca (danés *Jylland*).
Jylland. Véase **Jutlandia**.

Karjala. Véase **Carelia**.
Kärnten. Véase **Carintia**.
Keeling Islands. Véase **Cocos (islas)**.
Kleve. Véase **Cléveris**.
Koblenz. Véase **Coblenza**.
Köln. Véase **Colonia**.
Konstanz. Véase **Constanza**².
Krakau. Véase **Cracovia**.
Kraków. Véase **Cracovia**.

Labe. Véase **Elba**.
Lacio. Región de Italia (it. *Lazio*).
Landas (las). Región y departamento de Francia (fr. *Landes*).
Landes. Véase **Landas (las)**.
Lausana. Ciudad de Suiza (fr. *Lausanne*).
Lausanne. Véase **Lausana**.
Lausitz. Véase **Lusacia**.
Lazio. Véase **Lacio**.
Leioa. Véase **Lejona**.
Lejona. Municipio de España (vasc. *Leioa*).
Lemosín. Región de Francia (fr. *Limousin*).
Lérida. Ciudad y provincia de España (cat. *Lleida*).
Leuven. Véase **Lovaina**.
Liège. Véase **Lieja**.
Lieja. Ciudad de Bélgica (fr. *Liège*; neerl. *Luik*).
Limbourg. Véase **Limburgo**¹.
Limburg. Véase **Limburgo**¹.
Limburg an der Lahn. Véase **Limburgo**².
Limburgo¹. Región del oeste de Europa (neerl. *Limburg*; fr. *Limbourg*).
Limburgo². Ciudad de Alemania (al. *Limburg an der Lahn*).
Limousin. Véase **Lemosín**.

Liorno. Ciudad y provincia de Italia (it. *Livorno*).

Liria. Municipio de España (val. *Llíria*).

Livorno. Véase **Liorno.**

Lizarra. Véase **Estella.**

Lleida. Véase **Lérida.**

Llíria. Véase **Liria.**

Loira. Río y departamento de Francia (fr. *Loire*).

Loire. Véase **Loira.**

Lorena. Región de Francia (fr. *Lorraine*).

Lorraine. Véase **Lorena.**

Louisiana. Véase **Luisiana.**

Louvain. Véase **Lovaina.**

Lovaina. Ciudad de Bélgica (neerl. *Leuven*; fr. *Louvain*).

Lucerna. Ciudad y cantón de Suiza (al. *Luzern*; fr. *Lucerne*).

Lucerna (lago de). Lago de Suiza (al. *Vierwaldstätter See*). Véase **Cuatro Cantones (lago de los).**

Lucerne. Véase **Lucerna.**

Luik. Véase **Lieja.**

Luisiana. Estado de EE. UU. (ingl. *Louisiana*).

Lusacia. Región del este de Alemania (al. *Lausitz*).

Luzern. Véase **Lucerna.**

Macizo Central. Región montañosa de Francia (fr. *Massif Central*).

Magdeburg. Véase **Magdeburgo.**

Magdeburgo. Ciudad de Alemania (al. *Magdeburg*).

Maguncia. Ciudad de Alemania (al. *Mainz*).

Mainz. Véase **Maguncia.**

Malinas. Ciudad de Bélgica (neerl. *Mechelen*; fr. *Malines*).

Malines. Véase **Malinas.**

Mancha[1]**.** Departamento de Francia (fr. *Manche*).

Mancha[2] **(canal de la).** Canal entre Francia y el Reino Unido (fr. *la Manche*).

Manche[1]. Véase **Mancha**[1]**.**

Manche[2] *(la).* Véase **Mancha**[2] **(canal de la).**

Mantova. Véase **Mantua.**

Mantua. Ciudad y provincia de Italia (it. *Mantova*).

Marburg. Véase **Marburgo.**

Marburgo. Ciudad de Alemania (al. *Marburg*).

Mariana Islands. Véase **Marianas (islas).**

Marianas (islas). Archipiélago del Pacífico (ingl. *Mariana Islands*).

Marmara Denizi. Véase **Mármara (mar de)**.

Mármara (mar de). Mar interior, entre Europa y Asia (turco *Marmara Denizi*).

Marquesas (islas). Archipiélago de Francia, en el Pacífico (fr. *Îles Marquises*).

Marquises (Îles). Véase **Marquesas (islas)**.

Marseille. Véase **Marsella**.

Marsella. Ciudad de Francia (fr. *Marseille*).

Martinica. Isla de Francia, en las Pequeñas Antillas (fr. *Martinique*).

Martinique. Véase **Martinica**.

Mascareignes (Îles). Véase **Mascareñas (islas)**.

Mascarene Islands. Véase **Mascareñas (islas)**.

Mascareñas (islas). Archipiélago del Índico (ingl. *Mascarene Islands*; fr. *Îles Mascareignes*).

Massif Central. Véase **Macizo Central**.

Masuren. Véase **Masuria**.

Masuria. Región de Polonia (polaco *Mazowske Pruskie*; al. *Masuren*).

Matterhorn. Véase **Cervino (monte)**.

Mazowske Pruskie. Véase **Masuria**.

Mechelen. Véase **Malinas**.

Medio Oeste. Región de EE. UU. (ingl. *Midwest* o *Middle West*).

Mesina. Ciudad y provincia de Italia (it. *Messina*).

Messina. Véase **Mesina**.

Meuse. Véase **Mosa**.

Middle West. Véase **Medio Oeste**.

Midwest. Véase **Medio Oeste**.

Milán. Ciudad y provincia de Italia (it. *Milano*).

Milano. Véase **Milán**.

Misisipí, Misisipi. Río de EE. UU. También estado de EE. UU. (ingl. *Mississippi*).

Mississippi. Véase **Misisipí**.

Missouri. Véase **Misuri**.

Misuri. Río de EE. UU. También estado de EE. UU. (ingl. *Missouri*).

Molins de Rei. Véase **Molins de Rey**.

Molins de Rey. Municipio de España (cat. *Molins de Rei*).

Mondragón. Municipio de España (vasc. *Arrasate*).

Monóvar. Municipio de España (val. *Monòver*).

Monòver. Véase **Monóvar**.

Montecarlo. Ciudad de Mónaco (fr. *Monte-Carlo*).

Monte-Carlo. Véase **Montecarlo**.

APÉNDICE 3

Montornés del Vallés. Municipio de España (cat. *Montornès del Vallès*).
Montornès del Vallès. Véase **Montornés del Vallés.**
Mosa. Departamento de Francia y río de Europa (fr. *Meuse*).
Mosela. Departamento de Francia (fr. *Moselle*).
Moselle. Véase **Mosela.**
München. Véase **Múnich.**
Mungia. Véase **Munguía.**
Munguía. Municipio de España (vasc. *Mungia*).
Múnich, Munich. Ciudad de Alemania (al. *München*).

Nafarroa. Véase **Navarra.**
Nápoles. Ciudad y provincia de Italia (it. *Napoli*).
Napoli. Véase **Nápoles.**
Narbona. Ciudad de Francia (fr. *Narbonne*).
Narbonne. Véase **Narbona.**
Navarra. Comunidad autónoma de España (vasc. *Nafarroa*).
New England. Véase **Nueva Inglaterra.**
Newfoundland. Véase **Terranova.**
New Hampshire. Véase **Nueva Hampshire.**
New Jersey. Véase **Nueva Jersey.**
New Mexico. Véase **Nuevo México.**
New Orleans. Véase **Nueva Orleans.**
New Providence. Véase **Nueva Providencia.**
New South Wales. Véase **Nueva Gales del Sur.**
New York. Véase **Nueva York.**
Nice. Véase **Niza.**
Niedersachsen. Véase **Baja Sajonia.**
Nijmegen. Véase **Nimega.**
Nimega. Ciudad de los Países Bajos (neerl. *Nijmegen*).
Niza. Ciudad de Francia (fr. *Nice*).
Noia. Véase **Noya.**
Normandía. Región histórica de Francia (fr. *Normandie*).
Normandie. Véase **Normandía.**
North Carolina. Véase **Carolina del Norte.**
North Dakota. Véase **Dakota del Norte.**
Nouvelle-Calédonie. Véase **Nueva Caledonia.**
Nova Scotia. Véase **Nueva Escocia.**
Noya. Municipio de España (gall. *Noia*).

Nueva Caledonia. Territorio de Francia compuesto por varias islas del Pacífico (fr. *Nouvelle-Calédonie*).

Nueva Escocia. Provincia del Canadá (ingl. *Nova Scotia*).

Nueva Gales del Sur. Estado de Australia (ingl. *New South Wales*).

Nueva Hampshire. Estado de EE. UU. (ingl. *New Hampshire*).

Nueva Inglaterra. Región de EE. UU. (ingl. *New England*).

Nueva Jersey. Estado de EE. UU. (ingl. *New Jersey*).

Nueva Orleans. Ciudad de EE. UU. (ingl. *New Orleans*).

Nueva Providencia. Isla de las Bahamas (ingl. *New Providence*).

Nueva York. Ciudad y estado de EE. UU. (ingl. *New York*).

Nuevo Méjico. Véase **Nuevo México**.

Nuevo México. Estado de EE. UU. (ingl. *New Mexico*).

Núremberg, Nuremberg, Nuremberga. Ciudad de Alemania (al. *Nürnberg*). *Nürnberg*. Véase **Núremberg**.

Occitania. Antigua región del mediodía de Francia (fr. *Occitanie*).

Occitanie. Véase **Occitania**.

Oldemburgo. Puerto de Alemania (al. *Oldenburg*).

Oldenburg. Véase **Oldemburgo**.

Ondarroa. Véase **Ondárroa**.

Ondárroa. Municipio de España (vasc. *Ondarroa*).

Onteniente. Municipio de España (val. *Ontinyent*).

Ontinyent. Véase **Onteniente**.

Oñate. Municipio de España (vasc. *Oñati*).

Oñati. Véase **Oñate**.

Oostende. Véase **Ostende**.

Oporto. Ciudad y distrito de Portugal (port. *Porto*).

Orcadas (islas). Archipiélago del Reino Unido, en el Atlántico (ingl. *Orkney Islands*).

Órdenes. Municipio de España (gall. *Ordes*).

Ordes. Véase **Órdenes**.

Orense. Ciudad y provincia de España (gall. *Ourense*).

Orkney Islands. Véase **Orcadas (islas)**.

Orléanais. Véase **Orleanesado**.

Orleanesado. Región histórica de Francia (fr. *Orléanais*).

Ostende. Ciudad de Bélgica (neerl. *Oostende*).

Ourense. Véase **Orense**.

Padova. Véase **Padua.**

Padua. Ciudad y provincia de Italia (it. *Padova*).

País Vasco. Comunidad autónoma de España (vasc. *Euskadi*).

Palatinado. Región histórica de Alemania (al. *Pfalz*).

Palatinado Renano. Estado de Alemania (al. *Rheinland-Pfalz*).

Pamplona. Ciudad de España (vasc. *Iruña*).

Pan de Azúcar. Cerro de Río de Janeiro, en el Brasil (port. *Pão de Açúcar*).

Pão de Açúcar. Véase **Pan de Azúcar.**

Pasaia. Véase **Pasajes.**

Pasajes. Municipio de España (vasc. *Pasaia*).

Pelado (Monte). Volcán de Martinica (fr. *Montaigne Pelée* o *Mont Pelé*).

Pelé (Mont). Véase **Pelado (Monte).**

Pelée (Montaigne). Véase **Pelado (Monte).**

Pennsylvania. Véase **Pensilvania.**

Pensilvania. Estado de EE. UU. (ingl. *Pennsylvania*).

Perpignan. Véase **Perpiñán.**

Perpiñán. Ciudad de Francia (fr. *Perpignan*).

Perugia. Véase **Perusa.**

Perusa. Ciudad de Italia (it. *Perugia*).

Pfalz. Véase **Palatinado.**

Philadelphia. Véase **Filadelfia.**

Piacenza. Véase **Plasencia.**

Piamonte. Región de Italia (it. *Piemonte*).

Picardía. Región de Francia (fr. *Picardie*).

Picardie. Véase **Picardía.**

Picasent. Municipio de España (val. *Picassent*).

Picassent. Véase **Picasent.**

Piemonte. Véase **Piamonte.**

Plasencia. Ciudad de Italia (it. *Piacenza*).

Pobra do Caramiñal (A). Véase **Puebla del Caramiñal.**

Poio. Véase **Poyo.**

Pollença. Véase **Pollensa.**

Pollensa. Municipio de España (cat. *Pollença*).

Pomerania. Región histórica del noroeste de Europa (al. *Pommern*; polaco *Pomorze*).

Pomerelia. Región de Europa a orillas del mar Báltico (al. *Pommerellen*).

Pommerellen. Véase **Pomerelia.**

Pommern. Véase **Pomerania.**

Pomorze. Véase **Pomerania.**

Ponteareas. Véase **Puenteareas**.

Pontedeume. Véase **Puentedeume**.

Pontes de García Rodríguez (As). Véase **Puentes de García Rodríguez**.

Pontinas (islas). Archipiélago de Italia, en el Mediterráneo (it. *isole Pontine*).

Pontine (isole). Véase **Pontinas (islas)**.

Porto. Véase **Oporto**.

Porto do Son. Véase **Puerto del Son**.

Poyo. Municipio de España (gall. *Poio*).

Premiá de Mar. Municipio de España (cat. *Premià de Mar*).

Premià de Mar. Véase **Premiá de Mar**.

Provence. Véase **Provenza**.

Provenza. Región de Francia (fr. *Provence*).

Puçol. Véase **Puzol**.

Puebla del Caramiñal. Municipio de España (gall. *A Pobra do Caramiñal*).

Puenteareas. Municipio de España (gall. *Ponteareas*).

Puentedeume. Municipio de España (gall. *Pontedeume*).

Puentes de García Rodríguez. Municipio de España (gall. *As Pontes de García Rodríguez*).

Puerto del Son. Municipio de España (gall. *Porto do Son*).

Puglia. Véase **Apulia** y **Pulla (la)**.

Pulla (la). Región de Italia (it. *Puglia*). Véase **Apulia**.

Puzol. Municipio de España (val. *Puçol*).

Quart de Poblet. Véase **Cuart de Poblet**.

Quintín (San). Ciudad de Francia (fr. *Saint-Quentin*).

Ratisbona. Ciudad de Alemania (al. *Regensburg*).

Ravena, Rávena. Ciudad de Italia (it. *Ravenna*).

Ravenna. Véase **Ravena**.

Regensburg. Véase **Ratisbona**.

Renania. Región histórica de Alemania (al. *Rheinland*).

Rentería. Municipio de España (vasc. *Errenteria*).

Rheinland. Véase **Renania**.

Rheinland-Pfalz. Véase **Palatinado Renano**.

Rianjo. Municipio de España (gall. *Rianxo*).

Rianxo. Véase **Rianjo**.

Riba-roja de Túria. Véase **Ribarroja del Turia**.

Ribarroja del Turia. Municipio de España (val. *Riba-roja de Túria*).
Rin. Río de Europa occidental (al. *Rhein;* fr. *Rhin*).
Rhein. Véase **Rin.**
Rhin. Véase **Rin.**
Rocky Mountains. Véase **Rocosas (Montañas).**
Rocosas (Montañas). Sistema montañoso de América del Norte (ingl. *Rocky Mountains*).
Rosas. Municipio de España (cat. *Roses*).
Rosellón (el). Comarca de Francia (fr. *Roussillon*).
Roses. Véase **Rosas.**
Roterdam. Ciudad de los Países Bajos (neerl. *Rotterdam*).
Rotterdam. Véase **Roterdam.**
Rouen. Véase **Ruan.**
Roussillon. Véase **Rosellón (el).**
Ruan. Ciudad de Francia (fr. *Rouen*).

Saar. Véase **Sarre**[1].
Saarland. Véase **Sarre**[2].
Saboya. Región histórica de Francia (fr. *Savoie;* it. *Savoia*).
Sachsen. Véase **Sajonia.**
Sagunt. Véase **Sagunto.**
Sagunto. Municipio de España (val. *Sagunt*).
Saint-Quentin. Véase **Quintín (San).**
Sajonia. Estado de Alemania (al. *Sachsen*).
Salzburg. Véase **Salzburgo.**
Salzburgo. Ciudad de Austria (al. *Salzburg*).
San Baudilio de Llobregat. Municipio de España (cat. *Sant Boi de Llobregat*).
San Carlos de la Rápita. Municipio de España (cat. *Sant Carles de la Ràpita*).
San Cugat del Vallés. Municipio de España (cat. *Sant Cugat del Vallès*).
Sangenjo. Municipio de España (gall. *Sanxenxo*).
San Sebastián. Ciudad de España (vasc. *Donostia*).
Santa Coloma de Gramanet. Municipio de España (cat. *Santa Coloma de Gramenet*).
Santa Coloma de Gramenet. Véase **Santa Coloma de Gramanet.**
Santa Perpetua de Moguda. Municipio de España (cat. *Santa Perpètua de Mogoda*).
Santa Perpètua de Mogoda. Véase **Santa Perpetua de Moguda.**
Sant Boi de Llobregat. Véase **San Baudilio de Llobregat.**

Sant Carles de la Ràpita. Véase **San Carlos de la Rápita**.
Sant Cugat del Vallès. Véase **San Cugat del Vallés**.
Santurce Antiguo. Municipio de España (vasc. *Santurtzi*).
Santurtzi. Véase **Santurce Antiguo**.
Sant Vicent del Raspeig. Véase **San Vicente del Raspeig**.
San Vicente del Raspeig. Municipio de España (val. *Sant Vicent del Raspeig*).
Sanxenxo. Véase **Sangenjo**.
Saona. Río de Francia (fr. *Saône*).
Saône. Véase **Saona**.
Sardegna. Véase **Cerdeña**.
Sarre[1]. Río de Francia y Alemania (al. *Saar*).
Sarre[2]. Estado de Alemania (al. *Saarland*).
Savoia. Véase **Saboya**.
Savoie. Véase **Saboya**.
Schelde. Véase **Escalda**.
Schlesien. Véase **Silesia**.
Schwarzwald. Véase **Selva Negra**.
Scotland. Véase **Escocia**.
Seine. Véase **Sena**.
Selva Negra. Macizo montañoso de Alemania (al. *Schwarzwald*).
Sena. Río de Francia (fr. *Seine*).
Seo de Urgel. Municipio de España (cat. *La Seu d'Urgell*).
Seu d'Urgell (La). Véase **Seo de Urgel**.
's-Gravenhage. Véase **Haya (La)**.
Sidney. Ciudad de Australia (ingl. *Sydney*).
Siebenbürgen. Véase **Transilvania**.
Silesia. Región de Europa Central (polaco *Slask*; checo *Slezko*; al. *Schlesien*).
Slask. Véase **Silesia**.
Slavonija. Véase **Eslavonia**.
Slezko. Véase **Silesia**.
Sociedad (islas de la). Grupo de islas del Pacífico, parte de la Polinesia Francesa (fr. *Îles de la Société*).
Société (Îles de la). Véase **Sociedad (islas de la)**.
South Carolina. Véase **Carolina del Sur**.
South Dakota. Véase **Dakota del Sur**.
Steiermark. Véase **Estiria**.
Strasbourg. Véase **Estrasburgo**.
Strassburg. Véase **Estrasburgo**.
Stromboli. Véase **Estrómboli**.

Sulawesi. Véase **Célebes.**
Sydney. Véase **Sidney.**

Támesis. Río del Reino Unido (ingl. *Thames*).
Taranto. Véase **Tarento.**
Tarento. Ciudad de Italia (it. *Taranto*).
Tarrasa. Municipio de España (cat. *Terrassa*).
Tárrega. Municipio de España (cat. *Tàrrega*).
Tàrrega. Véase **Tárrega.**
Terranova. Isla del Canadá (ingl. *Newfoundland*).
Terrassa. Véase **Tarrasa.**
Tesino. Río de Suiza e Italia. También cantón de Suiza (fr. *Tessin*; it. *Ticino*).
Tessin. Véase **Tesino.**
Thames. Véase **Támesis.**
Thurgau. Véase **Turgovia.**
Thüringen. Véase **Turingia.**
Ticino. Véase **Tesino.**
Tolón. Ciudad de Francia (fr. *Toulon*).
Torino. Véase **Turín.**
Torrent. Véase **Torrente.**
Torrente. Municipio de España (val. *Torrent*).
Tortue. Véase **Tortuga.**
Tortuga. Isla de Haití (fr. *Tortue*).
Toulon. Véase **Tolón.**
Transilvania. Región histórica de Rumanía (rumano *Ardeal*; al. *Siebenbürgen*).
Tréveris. Ciudad de Alemania (al. *Trier*).
Trier. Véase **Tréveris.**
Tubinga. Ciudad de Alemania (al. *Tübingen*).
Tübingen. Véase **Tubinga.**
Tui. Véase **Tuy.**
Turgovia. Cantón de Suiza (al. *Thurgau*).
Turín. Ciudad y provincia de Italia (it. *Torino*).
Turingia. Estado de Alemania (al. *Thüringen*).
Tuy. Municipio de España (gall. *Tui*).

Valachia. Véase **Valaquia.**
Valaquia. Región de Rumanía (rumano *Valachia*).
Vall de Uxó. Municipio de España (val. *La Vall d'Uixó*).
Vall d'Uixó (La). Véase **Vall de Uxó.**

Vandea (la). Región de Francia (fr. *Vendée*).

Vendée. Véase **Vandea (la).**

Venecia. Ciudad de Italia (it. *Venezia*).

Venezia. Véase **Venecia.**

Vergara. Municipio de España (vasc. *Bergara*).

Versailles. Véase **Versalles.**

Versalles. Ciudad de Francia (fr. *Versailles*).

Vestfalia. Véase **Westfalia.**

Vesubio. Volcán de Italia (it. *Vesuvio*).

Vesuvio. Véase **Vesubio.**

Vierwaldstätter See. Véase **Cuatro Cantones (lago de los)** y **Lucerna (lago de).**

Vilagarcía de Arousa. Véase **Villagarcía de Arosa.**

Vila Joiosa (La). Véase **Villajoyosa.**

Vilalba. Véase **Villalba.**

Vilanova de Arousa. Véase **Villanueva de Arosa.**

Vila-real. Véase **Villarreal.**

Villagarcía de Arosa. Municipio de España (gall. *Vilagarcía de Arousa*).

Villajoyosa. Municipio de España (val. *La Vila Joiosa*).

Villalba. Municipio de España (gall. *Vilalba*).

Villanueva de Arosa. Municipio de España (gall. *Vilanova de Arousa*).

Villarreal. Municipio de España (val. *Vila-real*).

Vinaròs. Véase **Vinaroz.**

Vinaroz. Municipio de España (val. *Vinaròs*).

Vírgenes (islas). Archipiélago del Reino Unido y de EE. UU., en el Caribe (ingl. *Virgin Islands*).

Virginia Occidental. Estado de EE. UU. (ingl. *West Virginia*).

Virgin Islands. Véase **Vírgenes (islas).**

Vístula. Río de Polonia (polaco *Wisła*).

Vitoria. Ciudad de España (vasc. *Gasteiz*).

Viveiro. Véase **Vivero.**

Vivero. Municipio de España (gall. *Viveiro*).

Vizcaya. Provincia de España (vasc. *Bizkaia*).

Vlaanderen. Véase **Flandes.**

Vosges. Véase **Vosgos.**

Vosgos. Cadena montañosa de Francia. También departamento de Francia (fr. *Vosges*).

Wales. Véase **Gales.**

Westfalen. Véase **Westfalia.**

Westfalia. Región histórica de Alemania (al. *Westfalen*).
West Virginia. Véase **Virginia Occidental**.
Wildeawake Island. Véase **Ascensión (isla)**.
Wisła. Véase **Vístula**.
Würzburg. Véase **Wurzburgo**.
Wurzburgo. Ciudad de Alemania (al. *Würzburg*).

Xàbia. Véase **Jávea**.
Xàtiva. Véase **Játiva**.

Zarautz. Véase **Zarauz**.
Zarauz. Municipio de España (vasc. *Zarautz*).
Zeeland. Véase **Zelanda**.
Zelanda. Provincia de los Países Bajos (neerl. *Zeeland*).
Zululand. Véase **Zululandia**.
Zululandia. Territorio autónomo bantú de Sudáfrica (ingl. *Zululand*).
Zürich. Véase **Zúrich**.
Zúrich, Zurich. Ciudad de Suiza (al. *Zürich*).
Zweibrücken. Véase **Dos Puentes**.

ÍNDICE ANALÍTICO